Alex 2E

Duden

Lexis erstes Wörterbuch

Herausgegeben von
Professor Dr. Hartmut Günther

Erarbeitet von
Jutta Fiedler, Dr. Andrea Klein
und Kristina Spall

Illustriert von
Anja Rieger

Duden Schulbuchverlag
Berlin, Mannheim

Inhalt

Das Wörterbuch kennenlernen	4
Meine Rechtschreibtipps	6
Meine Nachschlagetipps	8
Bildtafeln	10
Wörterverzeichnis A–Z	31
Wortfamilien	238
Unregelmäßige Verben	242
Mit Lexi Nachschlagen üben	246
Hier kannst du mit einem Lernpartner oder in der Gruppe üben	252

Das Werk und seine Teile sind urheberrechtlich geschützt. Jede Nutzung in anderen als den gesetzlich zugelassenen Fällen bedarf der vorherigen schriftlichen Einwilligung des Verlages. Hinweis zu § 52 a UrhG: Weder das Werk noch seine Teile dürfen ohne eine solche Einwilligung eingescannt und in ein Netzwerk eingestellt werden. Dies gilt auch für Intranets von Schulen und sonstigen Bildungseinrichtungen.

Das Wort **Duden** ist für den Verlag Bibliographisches Institut & F. A. Brockhaus AG als Marke geschützt.

1. Auflage
1 5 4 3 2 1 | 2013 2012 2011 2010 2009
Alle Drucke dieser Auflage können im Unterricht nebeneinander benutzt werden.
Die letzte Zahl bezeichnet das Jahr dieses Druckes.

© 2009 Duden Paetec GmbH, Berlin

Internet: www.duden.de

Redaktion: Dr. Andrea Klein
Herstellung: Manfred Jung und Tina Streitenberger
Satz: Bibliographisches Institut & F. A. Brockhaus AG, Mannheim
Reproduktion: Fotolito Longo, Bozen
Layout und Umschlaggestaltung: tiff.any GmbH, Berlin
unter Verwendung einer Illustration von Julia Ginsbach
Druck- und Bindearbeiten: Himmer AG, Augsburg

ISBN 978-3-8355-8022-0

Herzlich willkommen
in Lexis erstem Wörterbuch!

In diesem Wörterbuch kannst du nachschlagen,
wenn du nicht weißt, wie ein Wort geschrieben wird.
Es hilft dir aber auch, wenn du nicht weißt,
was ein Wort bedeutet.
Ich hoffe, es macht dir Spaß, auf den Bildtafeln vorn
in deinem Wörterbuch auf Entdeckungstour zu gehen.
Vielleicht findest du mich auch auf den Bildern.
Ich bin zwar nicht auf jedem Bild, aber auf den
meisten bin ich zu sehen. Schau genau hin!
Und mithilfe der Übungen hinten in deinem Wörterbuch
kannst du allein oder mit anderen zusammen zu einem
richtigen Nachschlageprofi werden.
Ich helfe dir natürlich auch dabei.

Dein Lexi

So kannst du auch sagen:

Verb oder Tuwort oder Tunwort

Nomen oder Namenwort oder Substantiv

Adjektiv oder Wiewort

Artikel oder Begleiter

Einzahl oder Singular

Mehrzahl oder Plural

Das Wörterbuch kennenlernen

Die Wörter ganz oben helfen dir, dein gesuchtes Wort schnell zu finden. Auf einer linken Seite steht das erste Wort, auf einer rechten Seite steht das letzte Wort.

Durch die Unterteilung nach dem zweiten Buchstaben kannst du leichter dein gesuchtes Wort finden.

Die fett gedruckten Wörter heißen Stichwörter. Sie sind nach dem Abc geordnet.

Ist das Stichwort ein Nomen, dann steht danach der passende Artikel.

Zu jedem Stichwort kannst du die richtige Silbentrennung nachschlagen. Der kleine | zeigt dir an, wo du das Wort trennen kannst.

Hinter dem Stichwort findest du oft solch ein farbiges Zeichen. Es erinnert dich an die passende Rechtschreibstrategie für dieses Wort.

In Merkkästen findest du viele hilfreiche Tipps zur Rechtschreibung und zum Nachschlagen.

A B C D E **F** G H I J K L M N O P Q R S T U V W X Y Z

Eule

Eu|le, die (die Eulen): Nachtvogel

eu|re ⇨ euer, euere
Eu|ro, der (die Euros): Währung in vielen Ländern Europas; Geldeinheit
Eu|ro|pa: zweitkleinster Erdteil; Kontinent
eu|ro|pä|isch ⓔ: alles, was sich auf Europa bezieht oder von dort kommt: *die europäischen Staaten*

F

f

Du sprichst ein Wort am Anfang wie *f*aus, kannst es aber unter *f* nicht finden. Dann suche auch unter *v*.
Beispiel: *der Vogel*

80

fa

Fach, das (die Fächer): 1. *Regalfach.* 2. *das Schulfach Mathematik*
Fa|den, der (die Fäden): *Wollfaden; Bindfaden*
Fah|ne ⓜ, die (die Fahnen): Banner; Flagge; Wimpel

Fäh|re ⓜ [8], die (die Fähren): Verbindung zwischen zwei Ufern mit einem Wasserfahrzeug
fah|ren ⓜ (sie fährt, er fuhr, sie ist gefahren): z.B. mit einem Fahrrad, einem Auto fortbewegen

Die Punkte oder Striche unter dem Stichwort helfen dir bei der Aussprache eines Wortes. An dieser Stelle musst du das Wort betonen. Der Punkt steht für einen kurzen, der Strich für einen lang gesprochenen Selbstlaut.

Ist ein Stichwort ein Nomen, dann steht es meist in der Einzahl, danach folgt in Klammern die Mehrzahl.

Nach dem Doppelpunkt steht, was das Wort bedeutet oder wie man es verwendet. Manche Wörter haben mehr als eine Bedeutung.

Du findest auch die unregelmäßigen Gegenwarts- und Vergangenheitsformen der Verben. Ein Pfeil verweist auf die Grundform.

Manchmal kannst du ein Wort unterschiedlich schreiben. Der Pfeil verweist dann auf die Schreibweise, bei der du alle anderen Informationen findest.

fauchen

A B C D E **F** G H I J K L M N O P Q R S T U V W X Y Z

Am Seitenrand ist eine Griffleiste mit allen Buchstaben des Abcs. Damit kannst du schnell dein gesuchtes Wort finden.

Fahr|rad ⊛ [8], das (die Fahrräder): *Susanne fährt oft Fahrrad.*
fährt: ⇨ fahren
Fahr|zeug ⊛, das (die Fahrzeuge): z. B. Auto, Roller
Fall ⊝, der (die Fälle): 1. Sturz. 2. Problem; Sache: *Das ist ein Fall für die Streitschlichter.*
Fal|le ⊝, die (die Fallen): 1. Gerät, mit dem man Tiere fängt: *Mausefalle.* 2. List; Trick: *Tom stellte Tim eine Falle.*
fal|len ⊝ (sie fällt, er fiel, sie ist gefallen): stürzen; umfallen
fäl|len ⊛: *Der Baum muss gefällt werden.*

fällt: ⇨ fallen
falsch: 1. nicht richtig. 2. künstlich; nicht echt: *falscher Schmuck*
fal|ten: etwas falzen; knicken; zusammenlegen
Fa|mi|lie ⊛, die (die Familien): Eltern und ihre Kinder
fand: ⇨ finden
fan|gen (sie fängt, er fing, sie hat gefangen): 1. angeln; einfangen; erjagen: *Fische fangen.* 2. z. B. einen Ball auffangen
fängt: ⇨ fangen
Fan|ta|sie, die (die Fantasien; *auch* die Phantasie, die Phantasien): Einbildungskraft
Far|be [9], die (die Farben): 1. *Mein T-Shirt hat die Farbe Blau.* 2. Wasserfarben
fast: beinahe; es hätte nicht viel gefehlt
fau|chen: *Die Katze fauchte böse.*

Ein Verb steht in der Grundform. Werden die Gegenwarts- und Vergangenheitsformen unregelmäßig gebildet, stehen sie in Klammern hinter dem Stichwort.

Manche Adjektive werden unregelmäßig gesteigert. Dann stehen die 1. und die 2. Vergleichsform in Klammern hinter dem Stichwort.

Manche Wörter kannst du unterschiedlich schreiben. Die Schreibweise, die Duden empfiehlt, ist gelb markiert.

81

Hinter manchen Stichwörtern findest du Kästchen mit Zahlen. Dies sind die Nummern der Bildtafeln, auf denen die Wörter abgebildet sind.

Manche Wörter kannst du unterschiedlich schreiben. In Klammern steht dann, wie man noch schreiben könnte.

5

Meine Rechtschreibtipps

Nicht alle Wörter schreibt man so, wie man sie spricht.

Tipp 1 Nomen schreibst du groß.
Zu jedem Nomen gibt es einen Artikel. Für die meisten Nomen gibt es eine Einzahl und eine Mehrzahl.

der Ball – die Bälle; das Haus – die Häuser

 Tipp 2 Wörter einer Wortfamilie haben denselben Wortstamm. Der Selbstlaut im Wortstamm kann sich aber ändern.

wohnen – die Wohnung; die Gefahr – gefährlich

 Einige Wortfamilien findest du auf den Seiten 238–241.

 Tipp 3 Aus Wortbausteinen können Wörter gebildet werden. Wenn du weißt, wie die Bausteine geschrieben werden, kannst du das ganze Wort richtig schreiben.

abfahren; umdrehen; Vorstellungen

Tipp 4

Nach einem kurzen Selbstlaut in der ersten Silbe musst du einen einzelnen Mitlaut verdoppeln.

fallen; Klasse; Spinne

Es gibt auch Wörter, bei denen der Selbstlaut in der ersten Silbe lang gesprochen wird. Deshalb steht nur ein einzelner Mitlaut.

Abend; Dose; malen

Tipp 5

Bei vielen Wörtern findest du durch Verlängern heraus, wie sie geschrieben werden.

- Bei Nomen bildest du zum Verlängern die Mehrzahl.

    der Hund – die Hunde

- Adjektive setzt du zum Verlängern vor ein Nomen.

    gelb – eine gelbe Blume

- Bei Verben bildest du die Grundform.

    er fliegt – wir fliegen

Tipp 6

Bei manchen Wörtern musst du dir einfach merken, wie sie geschrieben werden.

abwärts, Fuchs, Mai

Meine Nachschlagetipps

Viele tolle Übungen zum Nachschlagen findest du auf den Seiten 246–256.

Tipp 1 Achte zuerst auf den Anfangsbuchstaben.

Tür findest du bei **T**

Schau dir dann den zweiten und den dritten Buchstaben an.

Affe findest du bei **af**

Tipp 2 In keinem Wörterbuch sind alle Wörter verzeichnet. So kannst du trotzdem herausfinden, wie die Wörter richtig geschrieben werden:

Suche Nomen in der Einzahl.

die Häuser – das Haus

Suche Adjektive in der Grundstufe.

größer – groß

Wenn du die Verben in der gebeugten Form nicht im Wörterbuch findest, schlage unter ihrer Grundform nach.

sie dreht um – umdrehen

 Die Übersicht mit wichtigen unregelmäßigen Verben auf den Seiten 242–245 kann dir beim Arbeiten helfen.

Viele Wörter sind aus Bausteinen zusammengesetzt. Du musst die einzelnen Bausteine oder ein verwandtes Wort nachschlagen.

abwaschen = ab + waschen
Schönheit = schön + heit

Wenn ein Wort aus zwei zusammengesetzten Nomen besteht, kannst du es in seine Bestandteile zerlegen und jeden Teil einzeln nachschlagen.

Schlafanzug = Schlaf + Anzug
Stirnband = Stirn + Band

Tipp 3

Bei manchen Wörtern hörst du nicht genau, mit welchem Buchstaben sie beginnen. Du musst unter verschiedenen Buchstaben nachschlagen.

Du hörst	suche auch unter
ä,	e
eu,	äu
f,	v und ph und pf
k,	c und ch
kw,	qu
sch,	sh
schp,	sp
scht,	st
t,	th
tsch,	c und ch
w,	v

In den Merkkästen findest du die Tipps noch einmal.

Bildtafel 1: Tiere

1. Aal
2. Adler
3. Affe
4. Ameise
5. Bär
6. Biene
7. Dachs
8. Delfin
9. Dinosaurier
10. Drache
11. Eichhörnchen
12. Eidechse
13. Eisbär
14. Elefant
15. Ente
16. Fisch
17. Fledermaus
18. Frosch
19. Giraffe
20. Hahn
21. Hai
22. Hase
23. Huhn

10

- ㉔ **Hund**
- ㉕ **Igel**
- ㉖ **Katze**
- ㉗ **Krebs**
- ㉘ **Krokodil**
- ㉙ **Kuh**
- ㉚ **Küken**
- ㉛ **Löwe**
- ㉜ **Maus**
- ㉝ **Möwe**
- ㉞ **Nilpferd**
- ㉟ **Pelikan**
- ㊱ **Pferd**
- ㊲ **Pinguin**
- ㊳ **Reh**
- ㊴ **Robbe**
- ㊵ **Schnecke**
- ㊶ **Schwan**
- ㊷ **Tiger**
- ㊸ **Wal**
- ㊹ **Yak**
- ㊺ **Zebra**

㉕ **Mond**
㉖ **Moor**
㉗ **Moos**
㉘ **Nadel**
㉙ **Nest**
㉚ **Palme**
㉛ **Pilz**
㉜ **Regen**
㉝ **Rose**
㉞ **Schilf**
㉟ **Schnee**
㊱ **Sonne**
㊲ **Stachel**
㊳ **Stamm**
㊴ **Stein**
㊵ **Stern**
㊶ **Tulpe**
㊷ **Veilchen**
㊸ **Vulkan**
㊹ **Wald**
㊺ **Wiese**
㊻ **Wolke**
㊼ **Wüste**
㊽ **Zweig**

Bildtafel 3: Essen und Trinken

1. Ananas
2. Apfel
3. Banane
4. Birne
5. Bohne
6. Bonbon
7. Brot
8. Brötchen
9. Butter
10. Ei
11. Eis
12. Erbse
13. Erdbeere
14. Gummi-bärchen
15. Gurke
16. Hamburger
17. Himbeere
18. Honig
19. Joghurt
20. Karotte (Möhre)
21. Kartoffel
22. Käse
23. Keks
24. Ketchup

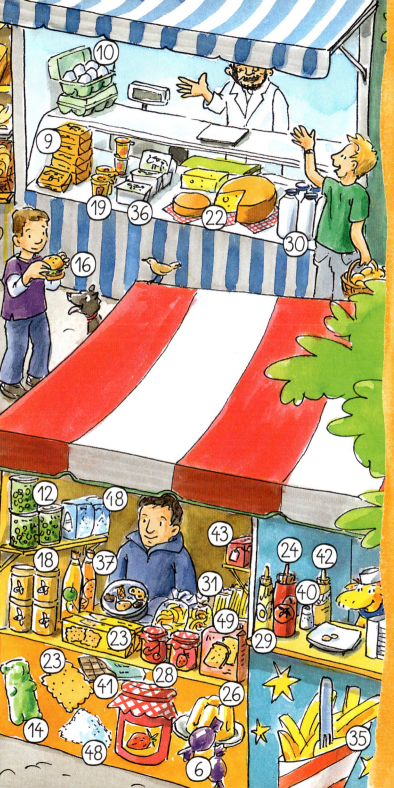

25 **Kirsche**
26 **Kuchen**
27 **Mais**
28 **Marmelade**
29 **Mayonnaise**
30 **Milch**
31 **Nudel**
32 **Orange**
33 **Paprika**
34 **Pizza**
35 **Pommes frites**
36 **Quark**
37 **Saft**
38 **Sahne**
39 **Salat**
40 **Salz**
41 **Schokolade**
42 **Senf**
43 **Tee**
44 **Tomate**
45 **Torte**
46 **Waffel**
47 **Zitrone**
48 **Zucker**
49 **Zwieback**

Bildtafel 4: Familie

1. Baby
2. Bruder
3. Cousin
4. Cousine (Kusine)
5. Eltern
6. Enkel
7. Großeltern
8. Kind
9. Mutter
10. Neffe
11. Nichte

⑫ **Oma**
⑬ **Onkel**
⑭ **Opa**
⑮ **Schwester**
⑯ **Sohn**
⑰ **Tante**
⑱ **Tochter**
⑲ **Vater**
⑳ **Verwandte**
㉑ **Vorfahr**
㉒ **Zwilling**

17

Bildtafel 5: Körper

1. Arm
2. Auge
3. Bauch
4. Bein
5. Daumen
6. Fell
7. Finger
8. Flosse
9. Flügel
10. Fuß
11. Gesicht
12. Haar
13. Hals
14. Hand
15. Haut
16. Huf
17. Kinn
18. Knie
19. Kopf
20. Kralle

㉑ **Lippe**
㉒ **Mähne**
㉓ **Maul**
㉔ **Nabel**
㉕ **Nagel**
㉖ **Nase**
㉗ **Ohr**
㉘ **Pfote**
㉙ **Po**
㉚ **Pranke**
㉛ **Rachen**
㉜ **Rücken**
㉝ **Schenkel**
㉞ **Schnabel**
㉟ **Schnauze**
㊱ **Schwanz**
㊲ **Wange**
㊳ **Wimper**
㊴ **Zahn**
㊵ **Zeh**
㊶ **Zunge**

19

Bildtafel 6: Kleidung

1. Anhänger
2. Anorak
3. Anzug
4. Ärmel
5. Beutel
6. Bluse
7. Brille
8. Gürtel
9. Hemd
10. Hose
11. Hut
12. Jacke
13. Jeans
14. Kappe
15. Kapuze
16. Kette
17. Kleid
18. Knopf
19. Kostüm
20. Mantel
21. Mütze
22. Ohrring

㉓ **Pantoffel**
㉔ **Perücke**
㉕ **Pullover**
㉖ **Reißver-
　　schluss**
㉗ **Ring**
㉘ **Rock**
㉙ **Rucksack**
㉚ **Sandale**
㉛ **Schal**
㉜ **Schlafanzug**
㉝ **Schnalle**
㉞ **Schuh**
㉟ **Stiefel**
㊱ **Stirnband**
㊲ **Strumpf**
㊳ **Tasche**
㊴ **T-Shirt**
㊵ **Tuch**
㊶ **Uhr**
㊷ **Weste**

Bildtafel 7: Haus

1. Bad
2. Bank
3. Bett
4. Bild
5. Dach
6. Fenster
7. Fernseher
8. Garage
9. Garten
10. Heizung
11. Herd
12. Hocker
13. Kamin
14. Keller
15. Kissen
16. Klinke
17. Küche
18. Lampe
19. Liege
20. Matratze
21. Mauer
22. Ofen
23. Regal

24 **Schaukel**
25 **Scheibe**
26 **Schloss**
27 **Schlüssel**
28 **Schrank**
29 **Schreibtisch**
30 **Sessel**
31 **Spiegel**
32 **Stuhl**
33 **Tapete**
34 **Teppich**
35 **Tisch**
36 **Toilette**
37 **Treppe**
38 **Uhr**
39 **Vase**
40 **Wand**
41 **Wasserhahn**
42 **Wiege**
43 **Zaun**
44 **Ziegel**

Bildtafel 8: Fahrzeuge und Verkehr

1. Anhänger
2. Anker
3. Auto
4. Bagger
5. Boot
6. Brücke
7. Dampfer
8. Dynamo
9. Fähre
10. Fahrrad
11. Floß
12. Flughafen
13. Flugzeug
14. Hafen
15. Helm
16. Hubschrauber
17. ICE
18. Kapitän
19. Lenker
20. Licht
21. Lokomotive
22. Mast
23. Matrose

㉔ **Motor**
㉕ **Mountainbike**
㉖ **Omnibus**
㉗ **Paddel**
㉘ **Panne**
㉙ **Pedal**
㉚ **Pilot**
㉛ **Rad**
㉜ **Rakete**
㉝ **Reifen**
㉞ **Ruder**
㉟ **S-Bahn**
㊱ **Schiff**
㊲ **Schlitten**
㊳ **Segel**
㊴ **Steuer**
㊵ **Straße**
㊶ **Taxi**
㊷ **Tunnel**
㊸ **U-Bahn**
㊹ **Ventil**
㊺ **Wagen**
㊻ **Zug**

Bildtafel 9: Schule

1. Atlas
2. Blatt
3. Bleistift
4. Block
5. Buch
6. CD-ROM
7. Computer
8. Drucker
9. Farbe
10. Feder
11. Fehler
12. Füller
13. Globus
14. Heft
15. Kalender
16. Kassettenrekorder
17. Klasse
18. Knete
19. Kugelschreiber
20. Landkarte
21. Lehrer
22. Lehrerin

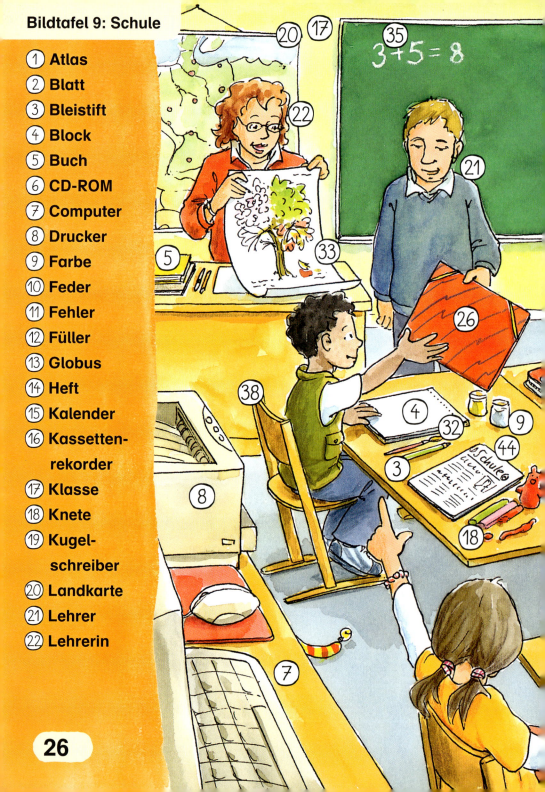

26

23 **Lexikon**
24 **Lineal**
25 **Lupe**
26 **Mappe**
27 **Mikrofon**
28 **Mikroskop**
29 **Note**
30 **Patrone**
31 **Pinnwand**
32 **Pinsel**
33 **Plakat**
34 **Radier-gummi**
35 **Rechnung**
36 **Spitzer**
37 **Sticker**
38 **Stuhl**
39 **Tafel**
40 **Tinte**
41 **Tisch**
42 **Wörterbuch**
43 **Zeitschrift**
44 **Zeitung**
45 **Zirkel**

- ⑳ **Lehrer**
- ㉑ **Lokführer**
- ㉒ **Lotse**
- ㉓ **Maler**
- ㉔ **Matrose**
- ㉕ **Müller**
- ㉖ **Pfarrer**
- ㉗ **Pfleger**
- ㉘ **Pilot**
- ㉙ **Pirat**
- ㉚ **Polizist**
- ㉛ **Regisseur**
- ㉜ **Reporter**
- ㉝ **Ritter**
- ㉞ **Sänger**
- ㉟ **Schauspieler**
- ㊱ **Verkäufer**
- ㊲ **Zauberer**

A

ä

Du sprichst ein Wort am Anfang wie *ä* aus, kannst es aber unter *ä* nicht finden. Dann suche auch unter *e*.
Beispiel: *die Ecke*

aa

Aal ⓜ 1 , der (die Aale): schlangenförmiger Fisch

ab

ab ⓜ: **1.** *Der Knopf ist ab.* **2.** *Die Preise gelten ab Mai.*

ab-

Der Wortbaustein *ab-* kommt in vielen Wörtern vor, z. B. in *abfahren, Abkürzung.*

Beim Wortbaustein *ab-* sprichst du *ap,* schreibst aber *ab.*

abheben

Abend ⇨, der (die Abende): Zeit zwischen etwa 18.00 und 21.00 Uhr: *Am Abend sitzen wir zusammen. Heute Abend gehen wir ins Kino.*

abends ⓜ: regelmäßig, immer am Abend

Aben|teu|er, das (die Abenteuer): gefährliches, spannendes Unternehmen: *Abenteuer erleben*

aber: *Das Telefon klingelte, aber sie hörte es nicht.*

ab|fah|ren ⊕ (sie fährt ab, er fuhr ab, sie ist abgefahren): **1.** losfahren: *Der Zug fährt um 8 Uhr ab.* **2.** durch vieles Fahren abnutzen: *Die Reifen sind abgefahren.*

ab|ge|ho|ben: ⇨ abheben

ab|ge|nom|men: ⇨ abnehmen

ab|ge|schrie|ben: ⇨ abschreiben

ab|he|ben ⊕ (sie hebt ab, er hob ab, sie hat abgeho-

abholen

ben): **1.** *Die Rakete hob ab.* **2.** *Sie hebt den Telefonhörer ab.*

ạb|ho|len 🌐: *Die Mutter holt Marie von der Schule ab.*

Ạb|kür|zung 🌐**,** die (die Abkürzungen): **1.** kürzerer, nicht so langer Weg. **2.** *z. B.* für: *zum Beispiel*

ạb|neh|men 🌐 (sie nimmt ab, er nahm ab, sie hat abgenommen): **1.** wegnehmen; entfernen: *Die Mutter nahm den Deckel vom Topf ab.* **2.** *Meine Schwester möchte 2 Kilo abnehmen.*

Ạb|satz 🌐**,** der (die Absätze): **1.** *Sie trägt Schuhe mit hohen Absätzen.* **2.** Unterbrechung in einem Text

Ạb|schied →**,** der (die Abschiede): Trennung: *Der Abschied fiel ihnen schwer.*

Ạb|schnitt 🌐**,** der (die Abschnitte): Teilstück eines Textes, eines Weges: *einen Text in Abschnitte unterteilen*

ạb|schrei|ben 🌐 (sie schreibt ab, er schrieb ab, sie hat abgeschrieben): den gleichen Text noch einmal schreiben: *Lea schreibt die Aufgabe von der Tafel ab.*

Ạb|sen|der 🌐**,** der (die Absender): die Adresse von jemandem, der etwas abschickt: *auf dem Briefumschlag den Absender notieren*

Ab|sicht, die (die Absichten): Ziel; Wille: *Das war keine böse Absicht.*

ab|stel|len: 1. absetzen; hinstellen: *Er stellte den Koffer im Flur ab.* 2. *sein Auto abstellen.* 3. abschalten: *die Heizung abstellen*

ab|trock|nen: trocken machen: *Die Mutter hat sich die Hände abgetrocknet. Der Vater hat das Geschirr abgetrocknet.*

ab|wärts: hinunter; nach unten: *Den Berg abwärts geht es schneller.*

ab|wa|schen (du wäschst ab, sie wäscht ab, er wusch ab, sie hat abgewaschen): *Oma wusch nach dem Essen die Teller ab.*

ab|wech|seln: 1. tauschen: *Bei den Eissorten wechselt er gern ab.* 2. (sich): einander ablösen: *Die Kinder wechselten sich beim Werfen ab.*

ac

acht: *acht Äpfel*

Acht, die (die Achten): Ziffer; Zahl: 8: *mit Schlittschuhen eine Acht fahren*

ad

Ad|ler, der (die Adler): großer Greifvogel

Ad|res|se, die (die Adressen): Anschrift; Name, Straße und Wohnort

Ad|vent, der (die Advente): Zeit vor Weihnachten

Affe

af

Af|fe ☺ 1 , der (die Affen): Säugetier, das meist auf Bäumen lebt

Af|ri|ka: drittgrößter Erdteil; Kontinent

af|ri|ka|nisch: alles, was sich auf Afrika bezieht oder von dort kommt: *afrikanische Kunst*

ah

ähn|lich Ⓜ: fast gleich; in etwa wie: *Peter sieht seinem Zwillingsbruder Paul sehr ähnlich.*

al

Alarm, der (die Alarme): Warnung bei Gefahr: *Alarm auslösen*

Al|bum, das (die Alben): Sammelbuch für Fotos und Briefmarken: *Poesiealbum; Fotoalbum*

All Ⓜ, das (ohne Mehrzahl): Weltall: *das All erforschen*

al|le, al|les ☺: *Alle waren da, bloß du nicht. Sie weiß alles.*

Al|pha|bet Ⓜ, das (die Alphabete): Abc; Reihenfolge der Buchstaben

als: 1. *Als wir zur Schule liefen, regnete es.* **2.** *Sie ist größer als Peter.*

al|so: demnach: *Sie lächelte ihn an, also war sie ihm nicht böse.*

alt (älter, am ältesten): **1.** jemand ist nicht mehr jung. **2.** etwas ist nicht mehr neu oder frisch: *alte Schuhe; altes Brot*

am

am: 1. (an dem): *Heidelberg liegt am Neckar.* **2.** *Am Samstag gehe ich mit* meinen Freunden zum Schwimmen.

Amei|se 1 , die (die Ameisen): Insekt, das mit vielen anderen zusammenlebt: *Ameisenhügel*

Ame|ri|ka: zweitgrößter Erdteil; Kontinent; unterteilt in Nordamerika, Mittelamerika und Südamerika

ame|ri|ka|nisch: alles, was sich auf Amerika bezieht oder von dort kommt: *amerikanische Musik*

Am|pel, die (die Ampeln): *Die Ampel zeigt Grün.*

Am|sel, die (die Amseln): Singvogel

an

an: 1. *Ich stelle die Blumen an das Fenster.* **2.** *an* *Weihnachten.* **3.** *Das Licht ist noch an.*

an-

Der Wortbaustein *an-* kommt in vielen Wörtern vor, z. B. in *anfahren, Anhänger.*

Ana|nas 3 , die (die Ananas, *auch* die Ananasse): exotische Frucht

an|de|re, an|de|rer, an|de-res (*auch* andre, andrer, andres): **1.** *Jetzt waren die anderen Kinder an der Reihe.* **2.** *Tobias wünschte sich andere Turnschuhe.*

an|ders: verschieden; abweichend: *Die Soße schmeckt heute anders als sonst.*

Än|de|rung ⚥, die (die Änderungen): Abwandlung; Umarbeitung

an|dre, an|drer, an|dres: ⇨ andere, anderer, anderes

aneinander

an|ei|nan|der: eng beisammen; einer nach dem anderen: *Puzzleteile aneinanderlegen*

an|fah|ren 🌐 (sie fährt an, er fuhr an, sie hat/ist angefahren): **1.** näher kommen: *Er kam gerade angefahren.* **2.** mit einem Fahrzeug an eine Person oder an einen Gegenstand stoßen: *Ein Auto hat Lisa angefahren.*

An|fang 🌐, der (die Anfänge): Beginn

an|fan|gen 🌐 (sie fängt an, er fing an, sie hat angefangen): beginnen: *Der Unterricht fängt an.*

an|ge|ben 🌐 (sie gibt an, er gab an, sie hat angegeben): **1.** mitteilen: *Sie gab bei der Polizei an, was sie beobachtet hatte.* **2.** sich wichtigmachen: *Marie gab mit ihrer neuen Armbanduhr an.*

an|ge|grif|fen: ⇨ angreifen

An|gel, die (die Angeln): Werkzeug zum Fischfang; Schnur mit Haken, an dem der Fisch anbeißen soll: *einen dicken Fisch an der Angel haben*

an|geln: Fische mit einer Angel fangen: *angeln gehen; er angelt gern.*

an|ge|nom|men: ⇨ annehmen

an|ge|zo|gen: ⇨ anziehen

an|grei|fen 🌐 (sie greift an, er griff an, sie hat angegriffen): anfallen; einen Kampf beginnen: *Der Löwe griff plötzlich an.*

Angst, die (die Ängste): Furcht; Scheu: *Angst haben*

an|hal|ten 🌐 (sie hält an, er hielt an, sie hat angehal-

Anschrift

ten): **1.** stoppen; zum Stehen bringen: *Das Auto hielt rechtzeitig an.* **2.** andauern: *Das Glockenläuten hielt zehn Minuten lang an.*

An|hän|ger ⊕ 6, 8 , der (die Anhänger): **1.** Wagen, der von einem Fahrzeug gezogen wird. **2.** Schmuckstück, das an einer Halskette hängt. **3.** jemand, der eine bestimmte Sache gut findet und unterstützt

An|ker 8 , der (die Anker): *Sie gingen mit ihrem Schiff im nächsten Hafen vor Anker.*

an|kom|men ⊕ (sie kommt an, er kam an, sie ist angekommen): **1.** einen Ort erreichen: *am Ziel der Reise ankommen.* **2.** von etwas abhängen: *Das kommt auf das Wetter an.*

an|kreu|zen ⊕: (du kreuzt an): mit einem Kreuz hervorheben; markieren: *die richtige Antwort ankreuzen*

an|neh|men ⊕ (sie nimmt an, er nahm an, sie hat angenommen): **1.** entgegennehmen: *Er nahm das Geschenk strahlend an. Sie nahmen die Einladung für das Fest an.* **2.** vermuten; voraussetzen: *Ich nehme an, dass du nach der langen Fahrt hungrig bist.*

Ano|rak Ⓜ 6 , der (die Anoraks): Jacke gegen Wind und Regen, meist mit Kapuze

an|ru|fen ⊕ (sie ruft an, er rief an, sie hat angerufen): versuchen, jemanden telefonisch zu erreichen: *Heute Morgen hat Herr Paul angerufen.*

ans (an das): *Ich stelle die Blumen ans Fenster.*

An|schrift ⊕, die (die Anschriften): Adresse

an|ste|cken 🌐: **1.** *Oma steckte ihre Brosche an, Mutter ihren schönsten Ring.* **2.** eine Krankheit übertragen: *Er steckt uns mit seiner Erkältung an.* **3.** (sich): sich eine Krankheit holen: *Sie hat sich bei einer Freundin angesteckt.*

an|stren|gen 🌐: **1.** *Das Sprechen strengte ihn noch an.* **2.** (sich): *Lilo strengte sich beim Wettkampf sehr an.*

Ant|ark|tis, die: Land und Meeresgebiet um den Südpol

Ant|wort, die (die Antworten): Gegenbemerkung; Äußerung auf eine Frage

ant|wor|ten: Antwort geben: *Du sollst auf die Fragen nur mit Ja oder Nein antworten.*

an|zie|hen 🌐 (sie zieht an, er zog an, sie hat angezogen): **1.** heranziehen: *die Beine anziehen.* **2.** *Der Duft der Blumen zieht die Biene an.* **3.** festdrehen: *eine Schraube anziehen.* **4.** *Lars zieht seine neue Hose an.* **5.** (sich): *Ich ziehe mich nur schnell an.*

An|zug 🌐 6 , der (die Anzüge): Kleidung bestehend aus Hose und dazu passender Jacke

ap

Ap|fel 3 , der (die Äpfel): Kernobst: *saftige Äpfel*

Ap|pa|rat Ⓜ, der (die Apparate): *Fotoapparat; Rasierapparat*

Ap|pe|tit Ⓜ, der (ohne Mehrzahl): Esslust; Hunger: *Guten Appetit!*

Art

Ap|plaus Ⓜ, der (die Applause): Beifall; Händeklatschen

Ap|ril, der: vierter Monat im Jahr

ar

Ar|beit, die: **1.** (die Arbeiten): Tätigkeit, die Mühe bereitet: *Gartenarbeit.* **2.** (die Arbeiten): *Klassenarbeit.* **3.** (die Arbeiten): Erzeugnis; Produkt: *Die Schüler verkaufen ihre Bastelarbeiten.* **4.** (ohne Mehrzahl): Tätigkeit; Arbeitsstelle; Beruf: *viel Arbeit haben*

ar|bei|ten: 1. Arbeit leisten; tätig sein: *Sie arbeiten fleißig.* **2.** einen Beruf ausüben: *als Handwerker arbeiten*

är|gern Ⓜ: **1.** jemand anderen wütend machen: *Er hat die Nachbarskatze geärgert.* **2.** (sich): wütend werden: *Ich habe mich über meinen dummen Fehler geärgert.*

Ark|tis, die: Land und Meeresgebiet um den Nordpol

arm (ärmer, am ärmsten): ohne Geld; nicht reich

Arm 5 , der (die Arme): Teil des menschlichen Körpers: *Lisa hat sich den Arm gebrochen.*

Är|mel ⚥ 6 , der (die Ärmel): Teil eines Kleidungsstückes, der den Arm bedeckt

Art, die: **1.** (ohne Mehrzahl): Natur; Wesensart: *Das ist halt seine Art.* **2.** (die Arten): Weise; Verhaltensweise: *Auf geheimnisvolle Art und Weise war das Buch verschwunden.* **3.** (die Arten): *eine ausgestorbene Tierart*

Artikel

Ar|ti|kel Ⓜ, der (die Artikel): 1. *Der, die und das sind bestimmte Artikel.* 2. *Zeitungsartikel*

Ar|tist ⬚10⬚, der (die Artisten): Zirkuskünstler

Arzt ⬚10⬚, der (die Ärzte): jemand, der Kranke behandelt: *Der Arzt untersucht den Patienten.*

Ärz|tin ⚢ ⬚10⬚, die (die Ärztinnen): weibliche Form zu ⇨ Arzt

as

Asche, die (die Aschen): Reste nach einem Brand

asia|tisch: alles, was sich auf Asien bezieht oder von dort kommt: *asiatisches Essen*

Asi|en: größter Erdteil; Kontinent

aß: ⇨ essen

Ass ☺, das (die Asse): Bester; Erster: *Sie ist ein Ass in Mathe.*

Ast ⬚2⬚, der (die Äste): stärkerer Zweig eines Baumes: *einen Ast absägen*

As|tro|naut ⬚10⬚, der (die Astronauten): Weltraumfahrer

at

At|las ⬚9⬚, der: (die Atlanten, *auch* die Atlasse): Heft; Buch mit Landkarten: *Wir schlugen im Atlas nach, wo Spanien liegt.*

at|men: Luft ein- und ausströmen lassen: *Wir wagten vor Angst kaum zu atmen.*

au

auch: 1. ebenfalls: *Ich bin auch nur ein Mensch.* 2. *Alex wollte nicht nur*

aufhören

Milch, sondern auch Kekse.

<u>auf</u>: **1.** *Das Heft liegt auf dem Tisch. Ich lege das Heft auf den Tisch.* **2.** *Sabine war gestern Abend bis zehn Uhr auf.* **3.** *Die Tür ist noch auf.*

auf-

Der Wortbaustein *auf-* kommt in vielen Wörtern vor, z. B. in *aufbauen, Auflösung*.

<u>auf</u>|bau|en ⊜: aufrichten; errichten: *Die Eltern bauen den neuen Schrank auf.*

<u>auf</u>|ei|nan|der ⊜: eines auf das andere, auf dem anderen; nacheinander: *aufeinander aufpassen; die Spielkarten aufeinanderlegen*

<u>auf</u>|fal|len ⊜ (sie fällt auf, er fiel auf, sie ist aufgefallen): Aufmerksamkeit auf sich ziehen: *Mit den grünen Haaren fiel Lilo auf.*

Auf|ga|be ⊜, die (die Aufgaben): Auftrag; Pflicht: *Sie hatte die Aufgabe, die Blumen zu gießen.*

<u>auf</u>|ge|ben ⊜ (sie gibt auf, er gab auf, sie hat aufgegeben): **1.** als Aufgabe stellen; auftragen: *Ich gebe heute keine Hausaufgaben auf.* **2.** *Der Boxer gab in der dritten Runde des Kampfes auf.*

<u>auf</u>|ge|schrie|ben: ⇨ aufschreiben

<u>auf</u>|hän|gen ⊜: an der Decke oder einer Vorrichtung befestigen: *Oma hängt Wäsche auf.*

<u>auf</u>|hö|ren ⊜: **1.** zu Ende gehen: *Der Weg hörte plötzlich auf.* **2.** etwas

aufkleben

nicht mehr tun: *Lisa hörte auf, Unsinn zu machen.*

auf|kle|ben 🔊: mit Klebstoff befestigen: *Marie klebt das Namensschild auf.*

Auf|lö|sung 🔊, die (die Auflösungen): *die Auflösung eines Rätsels, eines Geheimnisses*

auf|merk|sam 🔊: gut aufpassen: *Mia hört der Lehrerin aufmerksam zu.*

auf|pas|sen 🔊: **1.** aufmerksam sein: *Im Straßenverkehr muss man gut aufpassen.* **2.** *Vera passt auf ihre kleine Schwester auf.*

auf|räu|men 🔊: jedes Ding an seinen Platz stellen: *Räume bitte dein Zimmer auf!*

auf|re|gend ➡: spannend; ein Kribbeln im Bauch verursachend: *ein aufregendes Erlebnis*

aufs (auf das): *Ich lege den Schlüssel aufs Fensterbrett.*

auf|schrei|ben 🔊 (sie schreibt auf, er schrieb auf, sie hat aufgeschrieben): schriftlich festhalten; notieren: *Hannah schreibt sich alle Geburtstage auf.*

auf|tei|len 🔊: **1.** verteilen: *Anna teilt die Bonbons gerecht auf.* **2.** *Die Kinder wurden in zwei Gruppen aufgeteilt.*

Auf|trag 🔊, der (die Aufträge): Aufgabe: *Jedes Kind erhielt einen anderen Auftrag.*

auf|tre|ten 🔊 (sie tritt auf, er trat auf, sie ist aufgetreten): **1.** die Füße aufsetzen: *David kann mit dem verletzten Fuß nicht auftreten.* **2.** darstellen; spielen: *Er tritt als Zauberer auf.*

Auf|tritt 🔊, der (die Auftritte): Vorführung: *Für seinen Auftritt als Zauberer erhielt er viel Applaus.*

auf|wärts Ⓜ: bergauf; nach oben: *Mit der Seilbahn sind wir aufwärtsgefahren.*

auf|zäh|len 🜨: der Reihe nach nennen: *Jakob zählt alle Kinder seiner Klasse auf.*

Au|ge 5, das (die Augen): 1. Sehorgan: *Der Adler hat scharfe Augen.* 2. (nur Mehrzahl; die Augen): Punkte auf Würfeln oder Wert einer Karte beim Kartenspiel

Au|gust, der: achter Monat im Jahr

aus: 1. *Sven stammt aus Hamburg.* 2. *Die Limonade ist aus.* 3. *Das Licht ist aus.*

aus-

Der Wortbaustein *aus-* kommt in vielen Wörtern vor, z. B. in *ausdenken, ausfallen, Ausrede.*

aus|den|ken 🜨 (sich) (sie denkt sich aus, er dachte sich aus, sie hat sich ausgedacht): *Lara hat sich eine lustige Geschichte ausgedacht.*

Aus|druck 🜨, der: 1. (die Ausdrücke): *Gesichtsausdruck.* 2. (die Ausdrucke): mit dem Drucker ausgedruckter Text, ausgedrucktes Bild: *einen Ausdruck machen*

aus|drü|cken 🜨: 1. auspressen: *eine Orange ausdrücken.* 2. aussprechen; sich äußern: *etwas verständlich ausdrücken.* 3. (sich): *Sie kann sich gut ausdrücken.*

aus|ei|nan|der 🜨: voneinander entfernt; getrennt: *Auseinander mit euch!*

aus|fal|len 🜨 (sie fällt aus, er fiel aus, sie ist ausgefallen): 1. ausgehen: *Die Haare fallen aus.* 2. *Die Sportstunde ist ausgefal-*

Ausflug

len. **3.** *Die Klassenarbeit fiel gut aus.*

Aus|flug 🌐, der (die Ausflüge): Spazierfahrt; Wanderung: *Schulausflug*

Aus|gang 🌐, der (die Ausgänge): Tor; Tür; Ausstieg

aus|ge|dacht: ⇨ ausdenken

aus|ge|gan|gen: ⇨ ausgehen

aus|ge|hen 🌐 (sie geht aus, er ging aus, sie ist ausgegangen): **1.** zu Ende gehen; nicht mehr vorhanden sein: *Am Wochenende ist uns die Milch ausgegangen.* **2.** ausfallen: *Unserem Hund gehen die Haare aus.* **3.** *Das Abenteuer ist noch einmal gut ausgegangen.*

aus|ge|lie|hen: ⇨ ausleihen

aus|ge|rech|net 🌐: *Sie fiel ausgerechnet an ihrem Geburtstag die Treppe hinunter.*

aus|ge|stie|gen: ⇨ aussteigen

aus|ge|zo|gen: ⇨ ausziehen

Aus|kunft, die **1.** (die Auskünfte): Mitteilung; Nachricht; Information: *Auskunft geben.* **2.** (ohne Mehrzahl): Auskunftsstelle: *Bitte kommen Sie zur Auskunft in Halle 4!*

aus|lee|ren 🌐: *Er leerte den Mülleimer aus.*

aus|lei|hen 🌐 (sie leiht aus, er lieh aus, sie hat ausgeliehen): **1.** jemandem etwas geben, was dieser wieder zurückgeben muss. **2.** (sich): *Jana hat sich in der Bücherei ein Märchenbuch ausgeliehen.*

Aus|nah|me 🌐, die (die Ausnahmen): Abweichung von der Regel; Besonderheit

Aus|re|de 🌐, die (die Ausreden): Ausflucht; Entschuldigung: *Er hat eine Ausrede erfunden.*

aus|rei|chen 🜨: genügen

aus|ru|hen 🜨 (sich): sich entspannen: *Am Nachmittag ruht er sich von der Arbeit aus.*

Aus|rüs|tung 🜨, die (die Ausrüstungen): Ausstattung (Kleidung, Geräte) für bestimmte Tätigkeiten: *Kletterausrüstung*

aus|schla|fen 🜨 (sie schläft aus, er schlief aus, sie hat ausgeschlafen): **1.** lange schlafen: *Sonntags schlafen wir aus.* **2.** (sich): *Du musst dich endlich einmal ausschlafen.*

Aus|schlag 🜨, der (die Ausschläge): rote Flecken auf der Haut: *einen Ausschlag bekommen*

aus|se|hen 🜨 (sie sieht aus, er sah aus, sie hat ausgesehen): ähneln: *Charly sieht aus wie ein Superstar.*

au|ßen: auf der äußeren Seite; nicht innen: *Wir haben das Schloss nur von außen angesehen. Wir sind nicht reingegangen.*

au|ßer|dem 🜨: auch; darüber hinaus: *Es ist kalt und außerdem regnet es.*

aus|stei|gen 🜨 (sie steigt aus, er stieg aus, sie ist ausgestiegen): aus einem Fahrzeug steigen

Aus|stel|lung 🜨, die (die Ausstellungen): Veranstaltung, in der Kunstwer-

Australien

ke oder andere zu einem Thema gesammelte Gegenstände gezeigt werden: *Bastelausstellung*

Aus|tra|li|en: kleinster Erdteil; Kontinent

aus|tra|lisch: alles, was sich auf Australien bezieht oder von dort kommt: *australisches Essen*

aus|wäh|len ⚥: *Tim wählt die besten Spieler für seine Mannschaft aus.*

aus|wech|seln ⊕: austauschen: *Mutter wechselte die Glühbirne aus.*

aus|wen|dig Ⓜ: im Kopf wissen; aus dem Gedächtnis: *das auswendig gelernte Gedicht*

aus|zie|hen ⊕ (sie zieht aus, er zog aus, sie hat/ist ausgezogen): **1.** *die schmutzige Hose ausziehen.* **2.** eine Wohnung verlassen: *Im Januar zog die Familie über uns aus.* **3.** (sich): *Paul zieht sich schnell aus.*

Au|to [8], das (die Autos): *Opa fährt gern Auto.*

Au|tor, der (die Autoren): Schriftsteller; Verfasser eines Textes: *Er ist der Autor des neuen Buches.*

ax

Axt Ⓜ, die (die Äxte): *mit der Axt einen Baum fällen*

B

ba

Ba|by Ⓜ [4], das (die Babys): kleines Kind, das

band

nur wenige Wochen oder Monate alt ist; Säugling

Bach 2 , der (die Bäche): schmales Gewässer, in dem meist nur wenig Wasser fließt

ba|cken ☺: Brot, Brötchen, Kuchen und vieles mehr im Backofen zubereiten: *Die Mutter backt Kuchen.*

Bä|cker ♀ 10 , der (die Bäcker): jemand, der Brot, Brötchen und vieles mehr herstellt

Bad → 7 , das (die Bäder): **1.** Badezimmer. **2.** Wanne mit Wasser: *Nimm ein heißes Bad, damit du keine Erkältung bekommst.*

ba|den: 1. reinigen: *das Baby baden; sich baden.* **2.** in einem Schwimmbad, in einem Gewässer schwimmen: *Wir gehen baden.*

Bag|ger ☺ 8 , der (die Bagger): meist große, fahrbare Maschine, mit der man (aus)graben kann

Bahn Ⓜ, die (die Bahnen): **1.** Kurzform für Eisenbahn, U-Bahn, Straßenbahn. **2.** Strecke z. B. für sportliche Wettkämpfe: *Rodelbahn*

bald Ⓜ: nach kurzer Zeit; gleich

Ball ☺, der (die Bälle): kugelförmiges Spiel- und Sportzeug aus Leder oder Gummi: *Sie spielen Ball.*

Bal|lon Ⓜ, der (die Ballons, *auch* die Ballone): **1.** Luftfahrzeug: *Heißluftballon.* **2.** *Luftballon*

Ba|na|ne 3 , die (die Bananen): gelbe, leicht gebogene Frucht

band: ⇨ binden

47

Band

Band ⮕, das (die Bänder): Kordel; Schnur

Band ⮕, der (die Bände): einzelnes Buch einer Buchreihe

Bank [7], die: **1.** (die Bänke): Sitzgelegenheit. **2.** (die Banken): Geldinstitut: *ein Konto bei der Bank haben*

Bär Ⓜ [1], der (die Bären): Raubtier mit dichtem, zottigem Pelz

bas|teln: etwas herstellen: *Die Kinder basteln kleine Geschenke.*

bat: ⇨ bitten

Bau [2], der: **1.** (ohne Mehrzahl): das Bauen: *der Hausbau.* **2.** (die Bauten): Gebäude; Bauwerk: *Sie sahen an dem großen hässlichen Bau hoch.* **3.** (die Baue): Höhle, Unterschlupf für Tiere

Bauch [5], der (die Bäuche): **1.** unterer Teil des Rumpfes: *den Bauch einziehen.* **2.** Wölbung am unteren Teil des Rumpfes: *Du hast einen ganz schönen Bauch.*

bau|en: *Wir bauen ein Haus. Hier werden Schiffe gebaut.*

Bau|er [10], der (die Bauern): jemand, der Landwirtschaft betreibt

Bäue|rin ♀ [10], die (die Bäuerinnen): weibliche Form zu ⇨ Bauer

Baum [2], der (die Bäume): Pflanze mit Wurzel, Stamm und Krone

be

be-

Der Wortbaustein *be-* kommt in vielen Wörtern vor, z. B. in *bedeuten, begründen, benutzen.*

be|deu|ten ☉: einen bestimmten Sinn haben: *Ich weiß nicht, was das bedeutet.*

Bee|re Ⓜ, die (die Beeren): kleine, meist rundliche Frucht: *Himbeere; Erdbeere*

Beet Ⓜ 2 , das (die Beete): kleines Feld im Garten, auf dem Obst oder Gemüse angebaut wird oder Blumen wachsen

be|fahl: ⇨ befehlen

be|feh|len Ⓜ (sie befiehlt, er befahl, sie hat befohlen): einen Auftrag geben; anordnen

be|fiehlt: ⇨ befehlen

be|foh|len: ⇨ befehlen

be|fra|gen ☉: Fragen an jemanden stellen

be|gann: ⇨ beginnen

Be|ginn ☉, der (ohne Mehrzahl): Anfang; Start

be|gin|nen ☉ (sie beginnt, er begann, sie hat begonnen): anfangen: *Ihr könnt schon mit euren Hausaufgaben beginnen.*

be|ginnt: ⇨ beginnen

be|gon|nen: ⇨ beginnen

be|grei|fen ☉ (sie begreift, er begriff, sie hat begriffen): verstehen: *Das kleine Kind begreift schnell.*

be|greift: ⇨ begreifen

be|griff: ⇨ begreifen

be|grif|fen: ⇨ begreifen

be|grün|den ☉: einen Grund angeben: *eine Entscheidung begründen*

be|hält: ⇨ behalten

be|hal|ten ☉ (sie behält, er behielt, sie hat behalten): **1.** in Besitz lassen; dort lassen: *Du kannst das*

behandeln

Buch behalten. **2.** nicht vergessen; merken: *Ich habe die Telefonnummer behalten.*

be|han|deln 🔊: **1.** mit etwas umgehen: *Die Eltern behandeln ihre Kinder gut.* **2.** *Der Arzt behandelt das Kind mit Medikamenten.*

be|haup|ten 🔊: als sicher hinstellen; sagen, dass etwas so ist: *Er behauptet, dass er seine Hausaufgaben gemacht hat.*

be|hielt: ⇨ behalten

bei: *Er steht bei seinen Freunden. Sie wohnt bei ihren Eltern.*

bei|de: alle zwei: *Wir essen beide Äpfel.*

bei|ei|nan|der 🔊: beisammen: *An Weihnachten saßen wir gemütlich beieinander.*

Beil, das (die Beile): Spaltwerkzeug; kleine Axt: *ein scharfes Beil*

beim (bei dem): *Andreas hat sich beim Sport verletzt.*

Bein 5 , das (die Beine): **1.** Körperteil. **2.** Teil eines Möbelstückes: *Tischbein*

Bei|spiel 🔊, das (die Beispiele): Vorbild; Muster; etwas, das stellvertretend für andere steht: *ein Beispiel machen*

bei|ßen (du beißt, sie beißt, er biss, sie hat gebissen): **1.** abbeißen; kauen: *Lilly beißt herzhaft in ihr Butterbrot.* **2.** *Der Hund hat sie ins Bein gebissen.*

beißt: ⇨ beißen

be|kam: ⇨ bekommen

be|kannt 🔊: **1.** die meisten wissen es: *Es ist bekannt, dass Hunde beißen können.* **2.** berühmt: *Viele Schauspieler sind bekannt.*

be|kom|men 🔊 (sie bekommt, er bekam, sie hat bekommen): **1.** erhalten:

ein Geschenk bekommen. **2.** *einen Schnupfen bekommen.* **3.** *ein Baby bekommen*
be|kommt: ⇨ bekommen
be|lei|di|gen ⊕**:** über jemanden etwas Schlechtes sagen; kränken
be|liebt ⊕**:** von vielen gemocht: *Daniel ist bei seinen Mitschülern beliebt.*
bel|len ☺**:** *Hunde, die bellen, beißen nicht.*
be|loh|nen ⊕**:** jemandem für eine gute Tat etwas schenken
be|nut|zen ⊕ (du benutzt): verwenden; gebrauchen
be|nüt|zen: ⇨ benutzen
be|ob|ach|ten ⊕**:** über einen längeren Zeitraum betrachten; nicht aus den Augen lassen

be|quem Ⓜ**: 1.** gemütlich: *ein bequemer Sessel.* **2.** schwerfällig; träge: *Sie ist zu bequem, um aufzustehen.*
be|reit: fertig
Berg →**, der** (die Berge): **1.** *Wir haben einen hohen Berg bestiegen.* **2.** Anhäufung; Stapel: *ein Berg Zeitungen*
be|rich|ten: von einem Ereignis genau erzählen: *Die Kinder berichteten aufgeregt von ihrem Ausflug.*
Be|ruf, der (die Berufe): erlernte Tätigkeit, die eine Person ausübt; z. B. Verkäufer
be|ru|hi|gen ⊕**: 1.** zur Ruhe bringen; besänftigen. **2.** (sich): ruhig werden; sich entspannen
be|rühmt Ⓜ**:** bei vielen Menschen bekannt: *der berühmte Schriftsteller*
be|saß: ⇨ besitzen

beschäftigen

be|schäf|ti|gen Ⓜ: **1.** *Der Gedanke beschäftigt mich.* **2.** jemandem Arbeit geben. **3.** (sich): sich mit etwas befassen; sich mit etwas auseinandersetzen

be|schlie|ßen 🌐 (du beschließt, sie beschließt, er beschloss, sie hat beschlossen): eine Entscheidung treffen: *Familie Meier beschließt, in den Urlaub zu fahren.*

be|schließt: ⇨ beschließen

be|schloss: ⇨ beschließen

be|schlos|sen: ⇨ beschließen

be|schrei|ben 🌐 (sie beschreibt, er beschrieb, sie hat beschrieben): schildern; in Worte fassen: *Sie beschrieb das Bild genau.*

be|schreibt: ⇨ beschreiben

be|schrieb: ⇨ beschreiben

be|schrie|ben: ⇨ beschreiben

Be|sen, der (die Besen): Gerät zum Kehren

be|ses|sen: ⇨ besitzen

be|sit|zen 🌐 (du besitzt, sie besitzt, er besaß, sie hat besessen): haben; gehören: *Lisa besitzt sogar 2 Armbanduhren.*

be|sitzt: ⇨ besitzen

be|son|ders: sehr

bes|ser: ⇨ gut

be|stel|len 🌐: etwas anfordern, was nach Hause gebracht wird; im Restaurant etwas kommen lassen: *Sie bestellten 3 Portionen Spaghetti mit Tomatensoße.*

bes|ten (am): ⇨ gut

be|stimmt Ⓜ: **1.** entschieden; streng. **2.** sicher; auf alle Fälle

be|stra|fen 🌐: eine Strafe auferlegen

be|su|chen 🌐: **1.** zu jemandem hingehen; besichtigen: *Am Sonntag besuchen wir Oma.* **2.** mitma-

biegen

chen: *einen Kurs besuchen*

be|to|nen ⊕: beim Aussprechen einen stärkeren Ton darauf legen: *Wenn du ein Gedicht vorträgst, musst du manche Wörter besonders betonen.*
be|trach|ten: genau ansehen
Bett ⊙ 7 , das (die Betten): Möbelstück; Schlafstätte
bet|teln ⊙: um etwas bitten; flehen
Beu|le, die (die Beulen): 1. Schwellung. 2. Delle; Einbuchtung

Beu|tel 6 , der (die Beutel): Tasche aus Stoff oder Plastik
be|vor Ⓜ: ehe; zuerst
be|we|gen: 1. rühren; regen: *die Arme bewegen.* 2. (sich): sich rühren; sich regen: *Sie bewegt sich gern an der frischen Luft.*
be|wei|sen ⊕ (du beweist, sie beweist, er bewies, sie hat bewiesen): belegen, dass etwas so ist, wie vermutet: *Kannst du deine Behauptung beweisen?*
be|weist: ⇨ beweisen
be|wies: ⇨ beweisen
be|wie|sen: ⇨ beweisen
be|zah|len ⊕: Geld für etwas geben: *5 Euro für das Buch bezahlen*
Be|zeich|nung ⊕, die (die Bezeichnungen): Benennung; Name

bi

bie|gen (sie biegt, er bog, sie hat gebogen): etwas in

biegt

eine andere Richtung bringen

biegt: ⇨ biegen
Bie|ne 1 , die (die Bienen): Insekt, das fliegen und stechen kann
Bild → 7 , das (die Bilder): 1. gemaltes Kunstwerk. 2. Foto. 3. was man auf dem Bildschirm sieht

Bild|schirm ⊕, der (die Bildschirme): Monitor; Bildfläche eines Fernsehers oder Computers
bil|lig →: wenig Geld kostend; preiswert

bin: ⇨ sein
bin|den (sie bindet, er band, sie hat gebunden): schnüren: *eine Schleife binden*
bin|det: ⇨ binden
Bir|ne 3 , die (die Birnen): 1. Frucht, die an Bäumen wächst. 2. Kurzform für *Glühbirne*
bis: 1. *bis heute.* 2. *von Frankfurt bis München.* 3. *Die Schüler warten, bis es zur Pause klingelt.*
biss: ⇨ beißen
Biss ☺, der (die Bisse): *Hundebiss*
biss|chen Ⓜ: etwas; nur wenig
bist: ⇨ sein
bit|ten ☺ (sie bittet, er bat, sie hat gebeten): höfliche Form nachzufragen, wenn man etwas möchte
bit|ter ☺: meist als unangenehm empfundener Geschmack
bit|tet: ⇨ bitten

bl

bla|sen (du bläst, sie bläst, er blies, sie hat geblasen): kräftig ausatmen; pusten

bläst: ⇨ blasen

Blatt ☺ 2, 9 , das (die Blätter): **1.** *ein Blatt Papier.* **2.** Pflanzenteil: *Im Herbst fallen die Blätter von den Bäumen.*

blät|tern ⚨: die Seiten eines Buches oder einer Zeitschrift umblättern, umdrehen

blau: *Lisa hat eine blaue Hose an.*

Blau, das (ohne Mehrzahl): Farbe: *das tiefe Blau des Meeres*

blei|ben (sie bleibt, er blieb, sie ist geblieben): **1.** eine Stelle nicht verlassen; nicht weggehen. **2.** seinen Zustand nicht verändern: *auf der Bank sitzen bleiben*

bleibt: ⇨ bleiben

Blei|stift ⊜ 9 , der (die Bleistifte): *Was ich mit Bleistift schreibe, kann ich ausradieren.*

Blick ☺, der (die Blicke): **1.** das Schauen: *einen Blick aus dem Fenster werfen.* **2.** Augenausdruck: *Unschuldsblick*

blieb: ⇨ bleiben

blies: ⇨ blasen

blind ➔: unfähig zu sehen

blin|zeln: die Augenlider schnell öffnen und schließen

Blitz ☺ 2 , der (die Blitze): helle Lichterscheinung am Himmel bei Gewittern

Block ☺ 9 , der (die Blöcke, *auch* die Blocks): **1.** großes Stück, Brocken aus Holz oder Stein: *Fels-*

blühen

block. 2. *Notizblock; Schreibblock*
blü|hen Ⓜ: wenn sich an Pflanzen die Blüten öffnen; Blüten habend
Blu|me, die (die Blumen): Pflanze mit Blüten
Blu|se 6 , die (die Blusen): Kleidungsstück für Frauen und Mädchen
Blut, das (ohne Mehrzahl): rote Körperflüssigkeit
Blü|te, die (die Blüten): meist farbiger und leuchtender Teil an Pflanzen

bo

bog: ⇨ biegen
Boh|ne Ⓜ 3 , die (die Bohnen): Hülsenfrucht
boh|ren Ⓜ: durch Drehbewegungen eines Werkzeugs ein Loch machen: *ein Loch in die Wand bohren*
Bon|bon Ⓜ 3 , der (*auch* das Bonbon; die Bonbons): Süßigkeit

Boot Ⓜ 8 , das (die Boote): Wasserfahrzeug
bös: ⇨ böse
bö|se (*auch* bös): 1. ärgerlich: *Er war böse auf seinen Freund.* 2. schlecht; schlimm: *ein böser Traum; ein böser Mensch*
bo|xen Ⓜ: mit Fäusten schlagen
Bo|xer Ⓜ, der (die Boxer): 1. Faustkämpfer. 2. Hunderasse

br

brach: ⇨ brechen
brach|te ⊖: ⇨ bringen
brann|te: ⇨ brennen
brau|chen: benötigen

bringt

braun: *Tom hat braune Haare*
Braun, das (ohne Mehrzahl): Farbe
brav ☺: lieb; nett; gehorsam: *ein braves Kind*
bre|chen (sie bricht, er brach, sie hat gebrochen): **1.** etwas auseinandermachen: *Sie hat die Tafel Schokolade in kleine Stücke gebrochen.* **2.** sich übergeben. **3.** (sich): sich verletzen: *sich das Bein brechen*
breit: ausgedehnt: *eine breite Straße*
bren|nen ☺ (es brennt, es brannte, es hat gebrannt): **1.** in Flammen stehen: *Das Haus brennt.* **2.** *Das Licht brennt.* **3.** *eine CD brennen*
brennt: ⇨ brennen
Brett ☺, das (die Bretter): flaches Holzstück: *Sie haben die Bretter an die Wand genagelt.*

bricht: ⇨ brechen
Brief, der (die Briefe): schriftliche Mitteilung; Schreiben in einem Umschlag
Brief|trä|ger ☺ 10 , der (die Briefträger): jemand, der Briefe und andere Postsendungen bringt
Bril|le ☺ 6 , die (die Brillen): Sehhilfe; dient auch zum Schutz der Augen: *Felix muss jetzt eine Brille tragen.*

brin|gen (sie bringt, er brachte, sie hat gebracht): **1.** hintragen: *Der Briefträger bringt die Post. Bringst du mir bitte das Buch?* **2.** erreichen: *Das Üben für die Klassenarbeit hat viel gebracht.*
bringt: ⇨ bringen

57

Brot

Brot 3 , das (die Brote): *Wir kaufen beim Bäcker zwei Brote.*

Bröt|chen 🌐 3 , das (die Brötchen): kleines, rundes Gebäckstück: *Brötchen mit Butter und Marmelade bestreichen*

Brü|cke ☺ 8 , die (die Brücken): **1.** Übergang z. B. über einen Fluss. **2.** Turnübung

Bru|der 4 , der (die Brüder): männliches Geschwisterkind

brül|len ☺: laut und kräftig schreien

brum|men ☺: dröhnen; ein knurrendes, summendes Geräusch machen

brü|ten: auf den Eiern sitzen, bis Junge ausschlüpfen

bu

Buch 9 , das (die Bücher): meist gebundenes Druckerzeugnis zum Lesen und Anschauen

Bü|che|rei 🌐, die (die Büchereien): Ort mit größeren Sammlungen von Büchern, CDs, CD-ROMs, Zeitungen und Zeitschriften zum Ausleihen: *in die Bücherei gehen*

Buch|sta|be 🌐, der (die Buchstaben): Schriftzeichen, das einem Laut entspricht

bü|cken ☺ (sich): den Oberkörper nach unten beugen: *Finn bückt sich nach seinem Stift.*

Büh|ne Ⓜ, die (die Bühnen): Fläche im Theater, auf der gespielt wird

bunt: mit vielen leuchtenden Farben: *Er trägt ein bunt gestreiftes Hemd.*

Burg ➜, die (die Burgen): Festung: *Ritterburg*

Bürs|te, die (die Bürsten): Gegenstand, mit dem man etwas glätten oder Schmutz entfernen kann: *Zahnbürste; Haarbürste*
bürs|ten: *Sie hat den Hund gebürstet.*

Bus Ⓜ, der (die Busse): Kurzform für ⇨ Omnibus
Busch [2], der (die Büsche): dicht gewachsener Strauch
But|ter ☺ [3], die (ohne Mehrzahl): Fett, das aus Milch gemacht wird und aufs Brot gestrichen wird: *Lisa streicht dick Butter aufs Brot.*

C

c/ch

Viele Wörter auf *c* oder *ch* stammen nicht aus der deutschen Sprache. Deshalb musst du sie oft anders aussprechen, als sie geschrieben werden, z. B.
bei *Computer* schreibst du *C*, sprichst aber *k*;
bei *Champignon* schreibst du *Ch*, sprichst aber *sch*;
bei *Champion* schreibst du *Ch*, sprichst aber *tsch*;
bei *circa* schreibst du *c*, sprichst aber *z*.

cd

CD, die (die CDs): Abkürzung für ⇨ Compact Disc

CD-Play|er Ⓜ, der (die CD-Player): Gerät, mit dem CDs abgespielt werden

CD-ROM Ⓜ 9 , die (die CD-ROMs): kleine Speicherplatte für Computer, deren Inhalt nicht verändert werden kann: *eine CD-ROM einlegen*

ce

Cel|si|us Ⓜ (ohne Mehrzahl): Gradeinheit bei Temperaturangaben: *2 °C*

Cent Ⓜ, der (die Cents): *Er hat noch 80 Cents in der Tasche.*

ch

Cham|pi|gnon Ⓜ, der (die Champignons): ein Pilz, den man essen kann: *Champignons züchten*

Cham|pi|on Ⓜ, der (die Champions): Meister in einer Sportart

Chan|ce Ⓜ, die (die Chancen): günstige Gelegenheit; Aussicht auf Erfolg: *Du hast gute Chancen, diesen Wettkampf zu gewinnen.*

Chor Ⓜ, der (die Chöre): Gruppe von Sängern: *im Schulchor singen*

Christ|baum Ⓜ, der (die Christbäume): Weihnachtsbaum: *den Christbaum schmücken*

ci

Cir|cus, der (die Circusse): ⇨ Zirkus

cl

cle|ver Ⓜ: klug; schlau

Clown Ⓜ 10 , der (die Clowns): Spaßmacher, der meist im Zirkus auftritt

cm

cm: Abkürzung für ⇨ Zentimeter

co

Co|mic Ⓜ, der (die Comics): Kurzform für ⇨ Comicstrip

Co|mic|strip Ⓜ, der (die Comicstrips): **1.** Geschichte in Bildstreifen. **2.** Heft mit Comicstrips

Com|pact Disc Ⓜ, die (die Compact Discs; *auch* die Compact Disk, die Compact Disks): kleine Speicherplatte, von der man Musik abspielen kann

Com|pact Disk Ⓜ, die (die Compact Disks): ⇨ Compact Disc

Com|pu|ter Ⓜ 9 , der (die Computer): elektronische Rechenanlage: *Lea muss am Computer für die Schule arbeiten.*

Corn|flakes Ⓜ, die (Mehrzahl): Frühstücksflocken: *Er isst seine Cornflakes mit Milch.*

Cou|sin Ⓜ 4 , der (die Cousins): Sohn von Bruder oder Schwester eines Elternteils

Cou|si|ne Ⓜ 4 , die (die Cousinen; *auch* die Kusine, die Kusinen): Tochter von Bruder oder Schwester eines Elternteils

Cow|boy Ⓜ, der (die Cowboys): berittener amerikanischer Rinderhirt: *Cowboy und Indianer spielen*

cr

Creme ⓜ, die (die Cremes; *auch* die Krem, die Krems; *auch* die Kreme, die Kremes): **1.** Salbe zur Hautpflege: *Gesichtscreme.* **2.** Süßspeise; Tortenfüllung: *Cremetorte*

D

da

da: 1. dann: *Von da an waren sie Freunde.* **2.** an einer bestimmten Stelle: *Da steht Paul.* **3.** *Da ich den Witz gut erzählt habe, lachen alle.*

da|bei: 1. *Er war während der ganzen Veranstaltung dabei.* **2.** *Er rannte zur Schule, dabei kam er außer Puste.* **3.** *Sie ist ein sehr hübsches Mädchen, dabei ist sie gar nicht eingebildet.* **4.** bei dieser Sache: *Wir haben uns nichts dabei gedacht.*

Dach 7 , das (die Dächer): Überdeckung; oberer Abschluss

Dachs ⓜ 1 , der (die Dachse): kleines Säugetier, das sich einen Bau gräbt

dach|te: ⇨ denken

da|für: 1. für diese Sache: *Das ist nicht das richtige Werkzeug dafür.* **2.** *Du hilfst mir in Mathe, dafür lerne ich mit dir Vokabeln.*

da|ge|gen: 1. *Hast du etwas dagegen, dass er mitkommt?* **2.** *Eure Arbeiten waren gut, seine dagegen schlecht.*

da|her: 1. von dort: *Fährt diese S-Bahn nach Köln? – Nein, sie kommt gerade daher.* **2.** *Heute ist es sehr heiß, daher haben wir Hitzefrei.*

da|hin|ter: hinter etwas: *Das Haus steht vorn an*

darstellen

der Straße, dahinter liegt der Garten.

da|mals: früher

Da|me, die (die Damen):
1. eine elegante Frau.
2. ein Brettspiel: *Dame spielen*

da|mit: 1. *Was soll ich damit machen?* **2.** *Ich spreche bei meinem Vortrag langsam, damit mich alle verstehen.*

Dampf Ⓜ, der (die Dämpfe): sichtbarer feuchter Dunst: *Wasserdampf*

Damp|fer 8 , der (die Dampfer): Schiff, das mit Dampfkraft betrieben wird

da|nach: 1. *Erst aßen wir Spaghetti, danach gab es noch Eis.* **2.** *Zuerst gingen die Kinder, danach die Erwachsenen.*

da|ne|ben: an der Seite; neben einer Sache: *Pia stellt den Teller auf den Tisch und legt das Messer daneben.*

Dä|ne|mark Ⓜ: Land in Europa

dä|nisch Ⓜ: alles, was sich auf Dänemark bezieht oder von dort kommt: *die dänische Küste*

dann Ⓜ: **1.** danach: *Was machen wir dann?*
2. *Wenn sie etwas wissen will, dann findet sie es auch heraus.*

da|rauf: 1. *Sie hat gestern eine Flöte geschenkt bekommen und kann schon darauf spielen.* **2.** *Ein Stuhl wurde frei und er konnte sich daraufsetzen.*

da|raus: *Daraus (aus der Flasche) kann ich nicht trinken. Ich mache mir nichts daraus (aus klassischer Musik).*

darf: ⇨ dürfen

da|rin: *Der Schlüssel steckt darin (im Türschloss).*

dar|stel|len ☺: *Ihre Zeichnung soll ein Pferd darstellen.*

darüber

da|rü|ber: 1. oberhalb; über einer Sache: *Hier unten im Schrank sind meine Sachen, das Fach darüber kannst du benutzen.* **2.** dazu: *Darüber will ich nichts sagen.* **3.** *Eine Brücke! Wir können darüberfahren.*

da|rum: aus diesem Grund: *Es ist kalt. Darum möchte ich nach Hause.*

da|run|ter: unterhalb; unter einer Sache: *David wohnt im 3. Stock des Hauses. Sein Freund wohnt im Stockwerk darunter.*

das ⓜ: **1.** *das Kind; das Haus; das Leben.* **2.** *An der Wand hängt ein Bild, das mir gefällt.* **3.** *Das war spannend.*

dass ⓜ: *Ich glaube, dass es so stimmt.*

das|sel|be ⊕: dieses und kein anderes: *Tom hat heute dasselbe T-Shirt wie gestern an.*

Da|tum, das (die Daten): Bezeichnung des Tages nach dem Kalender: *Welches Datum haben wir heute?*

dau|ern: kein Ende nehmen: *Diese Mathestunde dauert ewig!*

Dau|men 5 , der (die Daumen): Teil der Hand

da|von ⓜ: *Gibst du mir auch etwas davon?*

da|vor ⓜ: *Ich stelle den Tisch davor.*

da|zu: 1. *Dazu will ich etwas sagen. Dazu bin ich nicht bereit.* **2.** *Nun gibst du noch zwei Esslöffel Zucker dazu.*

da|zwi|schen: 1. in der Mitte zwischen Gegenständen, Tieren, Menschen. **2.** *Auf dem Platz waren*

derselbe

viele Menschen, dazwischen mein Vater und ich. **3.** Erst habe ich Sport und dann Deutsch, dazwischen ist große Hofpause.

de

De|cke ☺**, die** (die Decken): **1.** großes Stück Stoff, das man auf etwas legen kann. **2.** Zimmerdecke

De|ckel ☺**, der** (die Deckel): **1.** Klappe; Verschluss: *Topfdeckel.* **2.** Bucheinband: *Buchdeckel*

dein: *Ich finde deinen Lehrer nett. Gib das doch deiner Mutter von mir.*

Del|fin 1 **, der** (die Delfine; *auch* der Delphin, die Delphine): Säugetier, das im Wasser lebt

Del|phin, der (die Delphine): ⇨ Delfin

dem: *Die Großeltern schenken dem Jungen ein spannendes Buch.*

den: *Wir finden den neuen Abenteuerspielplatz nicht.*

den|ken (sie denkt, er dachte, sie hat gedacht): **1.** überlegen; nachdenken: *Woran denkst du gerade?* **2.** meinen; vermuten: *Dabei habe ich mir nichts Böses gedacht.*

denkt: ⇨ denken

denn ⊕**:** *Das Fach Musik habe ich gern, denn ich kann gut singen.*

der: 1. *der Fußball.* **2.** *Der Ball, der da rumliegt, gehört niemandem.*

der|sel|be ⊕**:** dieser und kein anderer: *Heute kontrollierte mich der-*

65

des

selbe Schaffner wie gestern.

des: *der buschige Schwanz des Eichhörnchens*

des|halb Ⓜ: darum; deswegen: *Ich war müde, deshalb bin ich nach Hause gegangen.*

De|tek|tiv Ⓜ, der (die Detektive): jemand, der als Beruf Ermittlungen über Personen oder Vorgänge anstellt

deut|lich: eindeutig; gut, klar zu erkennen: *Die Sterne am Himmel waren ganz deutlich zu sehen.*

deutsch: alles, was sich auf Deutschland bezieht oder von dort kommt: *das deutsche Essen; die deutsche Kultur*

Deutsch, das: die deutsche Sprache: *etwas auf Deutsch sagen*

Deutsch|land 🌐: Land in Europa

De|zem|ber, der: zwölfter Monat im Jahr

di

dich: *Darauf kannst du dich verlassen!*

dicht: 1. eng beieinander: *Die Häuser stehen dicht beieinander.* **2.** so, dass man nicht durchkommt: *wasserdicht.* **3.** sehr, ganz nahe: *Die Vögel brüten dicht am Ufer.*

dick ☺: **1.** *Der Mann war sehr dick.* **2.** *Der Brei ist ganz schön dick.*

die: 1. *Die Musik gefällt nicht allen.* **2.** *Die Blumen, die du gepflückt hast, sind schön.*

Dieb →, der (die Diebe): Einbrecher: *Der Dieb wurde auf frischer Tat ertappt.*

Doktor

Diens|tag ⊖, der (die Dienstage): Wochentag

die|se, die|ser, die|ses: *Diese Aufgabe ist schwierig. Diese Blumen sind schön.*

die|sel|be: diese und keine andere: *Ich ziehe heute dieselbe Hose an wie gestern.*

dik|tie|ren Ⓜ: vorsprechen, sodass jemand wörtlich mitschreiben kann: *die Hausaufgaben diktieren*

Ding, das (die Dinge): Gegenstand; Sache: *Das Ding ist rund und aus Holz.*

Di|no|sau|rier Ⓜ 1 , der (die Dinosaurier): ausgestorbenes, oft sehr großes Reptil

dir Ⓜ: *Ich helfe dir gern.*

di|rekt Ⓜ: ohne Umweg; ohne Unterbrechung: *Ich komme direkt zu dir.*

Di|rek|tor Ⓜ 10 , der (die Direktoren): jemand, der etwas leitet, z. B. eine Schule, ein Museum

Di|ri|gent Ⓜ 10 , der (die Dirigenten): jemand, der einen Chor, ein Orchester leitet

Dis|kus|si|on Ⓜ, die (die Diskussionen): Aussprache; (Streit-)Gespräch

dis|ku|tie|ren: in einem Gespräch Meinungen austauschen: *ein Problem diskutieren*

do

doch: 1. *Du bist ja doch gekommen.* **2.** *Pass doch auf.*

Dok|tor, der: **1.** (die Doktoren): Arzt: *den Doktor rufen.* **2.** (ohne Mehrzahl): Titel: *Frau Doktor (Dr.) Schmidt*

Dollar

Dol|lar ⌣, der (die Dollars): *In Amerika bezahlt man mit Dollars.*

Do|mi|no, das (die Dominos): Legespiel

Domp|teur ⓜ 10 , der (die Dompteure): jemand, der Tiere dressiert

Don|ner ⌣, der (die Donner): lautes Geräusch, das bei Gewitter entsteht

Don|ners|tag →, der (die Donnerstage): Wochentag

doof ⓜ: 1. dumm. 2. einfallslos: *Das ist aber ein doofes Spiel.*

dop|pelt ⌣: noch einmal; zweimal: *Sie bestellte eine doppelte Portion Würstchen.*

Dorf, das (die Dörfer): kleiner Ort: *in einem Dorf wohnen*

Dorn 2 , der (die Dornen): Stachel an Pflanzen: *Die Rosen haben Dornen.*

dort: nicht hier

Do|se, die (die Dosen): kleiner Behälter mit Deckel: *eine Dose Ananas*

dr

Dra|che 1 , der (die Drachen): Ungeheuer, das meist Feuer speit

Dra|chen, der (die Drachen): *Im Herbst lassen*

drunter

wir unsere selbst gebauten Drachen steigen.
Draht Ⓜ, der (die Drähte): dünnes biegsames Stück Metall
drau|ßen: außerhalb; im Freien: *Bei schönem Wetter könnt ihr draußen spielen.*
Dreck ☺, der (ohne Mehrzahl): *Du hast Dreck an den Schuhen.*
dre|ckig 🌐: nicht sauber; schmutzig: *Die dreckigen Schuhe musst du putzen.*
dre|hen Ⓜ: (*auch* sich): *den Schlüssel im Schloss drehen; das Karussell dreht sich immer schneller.*
drei: *drei Kugeln Eis*
Drei, die (die Dreien): Ziffer; Zahl: 3: *Till hat in Deutsch eine Drei.*
dres|sie|ren ☺: Tieren Kunststücke beibringen
drin: ⇨ darin
drin|nen ☺: im Innern, innerhalb eines Raumes: *Es regnet, aber hier drinnen ist es gemütlich.*
dro|hen Ⓜ: **1.** jemanden einschüchtern wollen: *mit der Faust drohen.* **2.** *Durch die Schneeschmelze droht ein Hochwasser; Gefahr droht*
drü|ber: ⇨ darüber
dru|cken ☺: Schrift oder Bilder auf Papier oder Stoff bringen: *Es werden immer neue Bücher gedruckt.*
drü|cken ☺: **1.** Druck ausüben; drängen; pressen: *Sie musste zweimal auf den Klingelknopf drücken.* **2.** (sich): nicht mitmachen; vermeiden: *Leon hat sich vor der Hausarbeit gedrückt.*
Dru|cker ☺ 9 , der (die Drucker): Gerät zum Ausdrucken von Texten oder Bildern: *Laserdrucker; Farbdrucker*
drun|ter: ⇨ darunter

69

du

du: *Kommst du heute Nachmittag bei mir vorbei?*

Duft, der (die Düfte): (angenehmer) Geruch

duf|ten: gut riechen: *Die Rosen duften herrlich.*

dumm ☹ (dümmer, am dümmsten): nicht klug

dun|kel: *Im Herbst wird es abends früh dunkel.*

dünn ☹: **1.** mager; von geringer Stärke: *Das Mädchen ist aber dünn.* **2.** leicht; luftig: *Die Bluse ist sehr dünn.* **3.** *Die Creme muss man ganz dünn auftragen.*

durch: 1. mittendurch: *durch die Tür gehen.* **2.** fertig gekocht: *Die Kartoffeln sind durch.*

durch|ei|nan|der ⊕: **1.** kreuz und quer; nicht aufgeräumt: *In deinem Zimmer liegt alles durcheinander.* **2.** verwirrt: *Ich bin völlig durcheinander.*

dür|fen (sie darf, er durfte, sie hat gedurft): **1.** erlaubt sein: *Hier darf man Fahrrad fahren.* **2.** *Mein großer Bruder hat den Führerschein und darf Auto fahren.*

durf|te: ⇨ dürfen

durs|tig ⊕: *Ich bin sehr durstig. Gibt es hier etwas zu trinken?*

du|schen: unter die Dusche gehen: *kalt duschen*

dy

Dy|na|mo ⓂⒷ, der (die Dynamos): (kleine) Maschine zur Erzeugung von elektrischem Strom, z. B. am Fahrrad

E

ec

echt: unverfälscht; original: *Ihr Schmuck ist echt.*

Eindruck

Ecke ☺, die (die Ecken): *Ein Würfel hat acht Ecken.*

eg

egal: einerlei; gleich: *Es ist egal, was du anziehst.*

eh

Ehe Ⓜ, die (die Ehen): gesetzliche Verbindung von Mann und Frau

Eh|re Ⓜ, die: (ohne Mehrzahl): Würde; Selbstachtung

ehr|lich Ⓜ: die Wahrheit sagend; aufrichtig; ohne Verstellung

ei

Ei ③, das (die Eier): *Hühnerei; Frühstücksei*

Eich|hörn|chen ☺ 1 , das (die Eichhörnchen): Nagetier mit langem, buschigem Schwanz

Ei|dech|se Ⓜ 1 , die (die Eidechsen): Kriechtier mit lang gestrecktem Körper und langem Schwanz

eif|rig ➔: tatkräftig; fleißig: *Sie lernt eifrig.*

Ei|gen|schaft, die (die Eigenschaften): Art; Beschaffenheit; Wesensmerkmal

ei|gent|lich Ⓜ: ursprünglich; genau genommen

ei|lig ➔: **1.** hastig; schnell: *Stefan läuft eilig zur Schule.* **2.** dringend: *Die Operation ist sehr eilig.*

Ei|mer, der (die Eimer): Behälter, z. B. für Wasser

Ein|druck ☺, der (die Eindrücke): **1.** Wahrnehmung; Erinnerung: *Die Reise hinterließ einen tiefen Eindruck.* **2.** Vertiefung

ein, eine, einer

ein, ei|ne, ei|ner: 1. *ein Kind.* **2.** *Es gab nur eine Bäckerei in der Stadt.*

ein|fach: 1. einmal; nicht doppelt oder mehrfach: *einen einfachen Knoten machen.* **2.** leicht; ohne Schwierigkeiten

Ein|fall ⊕, der (die Einfälle): Idee; Eingebung: *Luis hat einen guten Einfall.*

ein|fal|len ⊕ (sie fällt ein, er fiel ein, sie ist eingefallen): **1.** auf eine Idee kommen; sich erinnern: *Plötzlich fiel ihr der Name wieder ein.* **2.** zusammenstürzen: *Bei einem Erdbeben fallen oft Häuser ein.*

ein|far|big ⊖: es wird nur eine Farbe verwendet: *Das T-Shirt ist einfarbig rot.*

Ein|gang ⊕, der (die Eingänge): Stelle, an der man in ein Gebäude oder in ein Gebiet hineingeht: *Der Eingang des Zoos war um die Ecke.*

ein|ge|schlos|sen: ⇨ einschließen

ein|ge|zo|gen: ⇨ einziehen

ein|hal|ten ⊕ (sie hält ein, er hielt ein, sie hat eingehalten): befolgen; beachten: *Alle hielten die Regeln ein.*

ein|heit|lich ⊕: ohne Unterschied: *Alle trugen einheitlich weiße T-Shirts.*

ei|ni|ge, ei|ni|ges: ein paar; mehrere einer Gruppe: *Einige aus meiner Klasse gingen zum Schwimmen.*

ein|kau|fen ⊕: in ein Geschäft gehen, um etwas (zum Beispiel Lebensmittel) zu kaufen: *Morgen muss ich frische Milch einkaufen.*

einziehen

ein|la|den 🌐 (sie lädt ein, er lud ein, sie hat eingeladen): **1.** in einem Fahrzeug verstauen: *Koffer einladen.* **2.** zu sich (als Gast) bitten: *Er lud sie zu seinem Geburtstag ein.*

Ein|lei|tung 🌐, die (die Einleitungen): Einführung; Vorbemerkung: *Deine Geschichte braucht noch eine Einleitung.*

ein|mal 🌐: **1.** *Sie kam nur einmal.* **2.** *Sie reden alle auf einmal.* **3.** *Es war einmal ...*

ein|pa|cken 🌐: **1.** in Papier oder Decken hüllen: *Mutter packt das Geschenk ein.* **2.** mitnehmen; verstauen: *Vater packt etwas zu trinken ein.*

eins: *eins, zwei, drei ...*

Eins, die (die Einsen): Ziffer; Zahl: 1: *Er hat drei Einsen im Zeugnis.*

ein|sam: allein; für sich: *Er fühlte sich einsam.*

ein|schla|fen 🌐 (sie schläft ein, er schlief ein, sie ist eingeschlafen): Schlaf finden

ein|schlie|ßen 🌐 (du schließt ein, sie schließt ein, er schloss ein, sie hat eingeschlossen): **1.** *Georg schließt sein Radio im Schrank ein.* **2.** (sich): *Lena schließt sich in der Kabine ein.*

ein|tei|len 🌐: *Die Lehrerin teilt die Klasse in zwei Mannschaften ein.*

ein|ver|stan|den Ⓜ: z. B. einem Plan zustimmen: *Einverstanden!*

Ein|woh|ner 🌐, der (die Einwohner): Bewohner eines Landes, einer Stadt oder eines Dorfes

ein|zeich|nen 🌐: in etwas zeichnen; markieren

ein|zeln: für sich; nicht mit anderen zusammen

ein|zie|hen 🌐 (sie zieht ein, er zog ein, sie ist eingezo-

Eis

gen): **1.** *Wir ziehen nächste Woche in das neue Haus ein.* **2.** eindringen; aufgesogen werden: *Die Creme zieht gut ein.*

Eis, das (ohne Mehrzahl): **1.** gefrorenes Wasser. **2.** Eiscreme

Eis|bär ⊕ 1 , der (die Eisbären): großer Bär mit weißem Fell

ei|tel: eingebildet

el

Ele|fant 1 , der (die Elefanten): großes, graues Tier mit Rüssel

elek|trisch Ⓜ: mit Strom betrieben

elf: *Es ist elf Uhr.*

Elf, die (die Elfen): Zahl: 11: *eine Elf schreiben*

El|tern Ⓜ 4 , die (Mehrzahl): Vater und Mutter

em

E-Mail Ⓜ, die (die E-Mails): elektronischer Brief

emp|fahl: ⇨ empfehlen
emp|fand: ⇨ empfinden
emp|fan|gen Ⓜ (sie empfängt, er empfing, sie hat empfangen): entgegennehmen; erhalten
emp|fängt: ⇨ empfangen
emp|feh|len Ⓜ (sie empfiehlt, er empfahl, sie hat empfohlen): **1.** einen Rat geben: *Vater empfiehlt, einen Regenschirm mitzunehmen.* **2.** *einen Arzt empfehlen*

Ente

emp|fiehlt: ⇨ empfehlen
emp|fin|den Ⓜ (sie empfindet, er empfand, sie hat empfunden): spüren
emp|fin|det: ⇨ empfinden
emp|fing: ⇨ empfangen
emp|foh|len: ⇨ empfehlen
emp|fun|den: ⇨ empfinden

en

En|de, das: 1. (ohne Mehrzahl): Schluss. 2. (die Enden): Stelle, an der etwas aufhört
end|lich ⊕: 1. schließlich: *Endlich durften sie nach Hause.* 2. begrenzt; nicht von ewiger Dauer
eng: 1. schmal; begrenzt: *eine enge Straße.* 2. fest anliegend: *Meine Hose ist zu eng.*
Eng|land ⊕: Teil von Großbritannien
eng|lisch: alles, was sich auf England bezieht oder von dort kommt: *die englische Sprache*

En|kel , der (die Enkel): Kind des Kindes einer Großmutter oder eines Großvaters

ent-

Der Wortbaustein *ent-* kommt in vielen Wörtern vor, z. B. in *entschließen, entziffern.*

ent|de|cken ⊕: (auf-)finden; etwas Unbekanntes bemerken
Ent|de|cker ⊕, der (die Entdecker): jemand, der etwas entdeckt hat: *Wer war der Entdecker Amerikas?*

En|te [1], die (die Enten): Schwimmvogel

Entfernung

Ent|fer|nung, die (die Entfernungen): Abstand zwischen zwei Punkten

ent|schei|den (sie entscheidet, er entschied, sie hat entschieden): **1.** festlegen. **2.** (sich): eine Auswahl treffen: *Lola hat sich für die gelben Schuhe entschieden.*

ent|schei|det: ⇨ entscheiden

ent|schied: ⇨ entscheiden

ent|schie|den: ⇨ entscheiden

ent|schlie|ßen (sich) (du entschließt dich, sie entschließt sich, er entschloss sich, sie hat sich entschlossen): einen Beschluss fassen; sich entscheiden

ent|schließt: ⇨ entschließen

ent|schloss: ⇨ entschließen

ent|schlos|sen: ⇨ entschließen

ent|schul|di|gen: **1.** absagen; abmelden. **2.** (sich): um Verzeihung bitten

Ent|schul|di|gung, die (die Entschuldigungen): **1.** Begründung. **2.** Verzeihung! **3.** Entschuldigungsschreiben

ent|täu|schen: die Erwartungen nicht erfüllen

ent|warf: ⇨ entwerfen

ent|we|der: *Du kannst entweder Wasser trinken oder Tee.*

ent|wer|fen (sie entwirft, er entwarf, sie hat entworfen): sich überlegen; erarbeiten

ent|wi|ckeln: **1.** *Die Blume entwickelt Blüten.* **2.** (sich): *Aus der Raupe entwickelt sich ein Schmetterling.*

ent|wirft: ⇨ entwerfen

ent|wor|fen: ⇨ entwerfen

ent|zif|fern: Buchstabe für Buchstabe lesen; enträtseln

er

er: *Er spielt Ball.*

er-

Der Wortbaustein *er-* kommt in vielen Wörtern vor, z. B. in *erforschen, Erfindung, erwachsen.*

Erb|se ⓜ 3 , die (die Erbsen): grüne Hülsenfrucht

Erd|bee|re 3 , die (die Erdbeeren): rote Beere: *Erdbeeren pflücken*

Er|de 2 , die: **1.** (ohne Mehrzahl): Planet. **2.** (die Erden): Erdboden: *ein Klumpen Erde*

Erd|teil, der (die Erdteile): Kontinent

er|fah|ren (sie erfährt, er erfuhr, sie hat erfahren): hören; mitbekommen: *Ich habe zufällig erfahren, dass wir einen Ausflug machen.*

er|fährt: ⇨ erfahren

Er|fah|rung, die (die Erfahrungen): **1.** *viel Erfahrung mit Tieren haben.* **2.** Einsicht; Erleben: *eine besondere Erfahrung gemacht haben*

Er|fin|der 10 , der (die Erfinder): jemand, der sich etwas Neues ausdenkt oder etwas Neues entdeckt

Er|fin|dung, die (die Erfindungen): **1.** Entwicklung; Neuerung. **2.** etwas Ausgedachtes

Er|folg, der (die Erfolge): Fortschritt; Gelingen; Ergebnis

er|for|schen: auf den Grund gehen; untersuchen

erfuhr

er|fuhr: ⇨ erfahren

er|gän|zen Ⓜ: etwas, was noch gefehlt hat, einfügen; bereichern

Er|geb|nis, das (die Ergebnisse): Endstand; Auswirkung

er|in|nern ☺: 1. ins Gedächtnis rufen. 2. (sich): nicht vergessen haben

er|käl|ten (sich): eine Erkältung bekommen

Er|käl|tung, die (die Erkältungen): Husten und Schnupfen

er|kannt: ⇨ erkennen

er|kann|te: ⇨ erkennen

er|ken|nen (sie erkennt, er erkannte, sie hat erkannt): sehen: *Kannst du etwas erkennen?*

er|kennt: ⇨ erkennen

er|klä|ren: *Der Lehrer erklärt die Aufgabe.*

er|lau|ben: einverstanden sein

er|le|ben: erfahren; mitmachen

Er|leb|nis, das (die Erlebnisse): besondere Erfahrung

er|mah|nen: in strenger Weise zu etwas anhalten: *Der Lehrer ermahnte uns, still zu sein.*

ernst: 1. *Vater blickt mich ernst an.* 2. wichtig: *seine Aufgaben ernst nehmen*

ern|ten: *Kirschen ernten*

er|rei|chen: 1. herankommen: *Mirko kann fast die Schokolade im obersten Regal erreichen.* 2. ankommen: *Der Zug erreicht den Bahnhof.*

er|schrak: ⇨ erschrecken

er|schre|cken: 1. (sie erschrickt, er erschrak, sie ist erschrocken): einen

Schreck, Angst bekommen. **2.** (sie erschreckt, er erschreckte, sie hat erschreckt): einen Schreck, Angst einjagen

er|schrickt: ⇨ erschrecken

er|schro|cken: ⇨ erschrecken

erst: 1. *Erst musst du Hausaufgaben machen, dann kannst du spielen.* **2.** *Ich kann erst um 5 Uhr kommen.*

ers|tens: an erster Stelle: *erstens, zweitens, drittens ...*

er|wach|sen Ⓜ: ausgewachsen; groß; volljährig

er|zäh|len 🌐: eine Geschichte oder ein Erlebnis vortragen; etwas mitteilen

Er|zäh|lung 🌐, die (die Erzählungen): Geschichte

er|zie|hen 🌐 (sie erzieht, er erzog, sie hat erzogen): aufziehen; zu einem bestimmten Verhalten anleiten

er|zieht: ⇨ erziehen

er|zog: ⇨ erziehen

er|zo|gen: ⇨ erziehen

es

es: 1. *Es (das Kind) will Ball spielen.* **2.** *Es regnet.*

Esel, der (die Esel): pferdeähnliches Säugetier

es|sen (sie isst, er aß, sie hat gegessen): *Er isst Eis.*

Es|sig →, der (die Essige): flüssiges, saures Würzmittel

et

et|wa: ungefähr: *etwa drei Meter*

et|was: 1. Ding; irgendetwas. **2.** Teil; Stück: *Gib mir auch etwas davon.*

eu

euch: *Ich gebe euch eine Tafel Schokolade.*

eu|er, eu|ere (*auch* eure): *Sind das euere Hefte?*

Eule

Eu|le, die (die Eulen): Nachtvogel

eu|re ⇨ euer, euere
Eu|ro, der (die Euros): Währung in vielen Ländern Europas; Geldeinheit
Eu|ro|pa: zweitkleinster Erdteil; Kontinent
eu|ro|pä|isch Ⓟ: alles, was sich auf Europa bezieht oder von dort kommt: *die europäischen Staaten*

F

f

Du sprichst ein Wort am Anfang wie *f* aus, kannst es aber unter *f* nicht finden. Dann suche auch unter *v*.
Beispiel: *der Vogel*

fa

Fach, das (die Fächer): **1.** *Regalfach.* **2.** *das Schulfach Mathematik*
Fa|den, der (die Fäden): *Wollfaden; Bindfaden*
Fah|ne Ⓜ**,** die (die Fahnen): Banner; Flagge; Wimpel

Fäh|re Ⓜ 8 **,** die (die Fähren): Verbindung zwischen zwei Ufern mit einem Wasserfahrzeug
fah|ren Ⓜ (sie fährt, er fuhr, sie ist gefahren): z. B. mit einem Fahrrad, einem Auto fortbewegen

Fahr|rad 🌐 8 **,** das (die Fahrräder): *Susanne fährt oft Fahrrad.*

fährt: ⇨ fahren

Fahr|zeug 🌐**,** das (die Fahrzeuge): z. B. Auto, Roller

Fall ☺**,** der (die Fälle): **1.** Sturz. **2.** Problem; Sache: *Das ist ein Fall für die Streitschlichter.*

Fal|le ☺**,** die (die Fallen): **1.** Gerät, mit dem man Tiere fängt: *Mausefalle.* **2.** List; Trick: *Tom stellte Tim eine Falle.*

fal|len ☺ (sie fällt, er fiel, sie ist gefallen): stürzen; umfallen

fäl|len 🌱**:** *Der Baum muss gefällt werden.*

fällt: ⇨ fallen

falsch: 1. nicht richtig. **2.** künstlich; nicht echt: *falscher Schmuck*

fal|ten: etwas falzen; knicken; zusammenlegen

Fa|mi|lie Ⓜ**,** die (die Familien): Eltern und ihre Kinder

fand: ⇨ finden

fan|gen (sie fängt, er fing, sie hat gefangen): **1.** angeln; einfangen; erjagen: *Fische fangen.* **2.** z. B. einen Ball auffangen

fängt: ⇨ fangen

Fan|ta|sie, die (die Fantasien; *auch* die Phantasie, die Phantasien): Einbildungskraft

Far|be 9 **,** die (die Farben): **1.** *Mein T-Shirt hat die Farbe Blau.* **2.** *Wasserfarben*

fast: beinahe; es hätte nicht viel gefehlt

fau|chen: *Die Katze fauchte böse.*

faul

faul: 1. *Die Äpfel sind faul.* **2.** sich nicht anstrengen wollend

fe

Fe|bru|ar, der: zweiter Monat im Jahr

Fe|der 9 **,** die (die Federn): **1.** *Vogelfeder.* **2.** *Schreibfeder*

Fee ⓜ**,** die (die Feen): zauberkundige weibliche Märchengestalt

fe|gen: (mit einem Besen) reinigen

feh|len ⓜ**:** nicht da sein: *Eva fehlt heute in der Schule.*

Feh|ler ⓜ 9 **,** der (die Fehler): Falsches: *Ich habe drei Fehler im Diktat.*

fei|ern: 1. *Wir feiern Weihnachten.* **2.** *Sie feierten fröhlich.*

fein: dünn; zart: *Das ist ein feiner Stoff.*

Feind ➔**,** der (die Feinde): jemand, der gegen einen ist

Feld ➔**,** das (die Felder): **1.** *Getreidefeld.* **2.** *Fußballfeld*

Fell ☺ 5 **,** das (die Felle): behaarte Tierhaut; Pelz

Fels, der (die Felsen): massives, sehr festes Gestein

Fens|ter 7 **,** das (die Fenster): Öffnung in der Wand

Fe|ri|en ⓜ**,** die (Mehrzahl): (schul-)freie Zeit; Urlaub

Fern|se|hen ☺**,** das (ohne Mehrzahl): *Sie sind im Fernsehen aufgetreten.*

Fern|se|her ☺ 7 **,** der (die Fernseher): Fernsehapparat; Fernsehgerät

fer|tig ➔**:** abgeschlossen; beendet

fes|seln ☺**:** anketten; festbinden

fest: 1. *Das Wachs ist fest geworden.* **2.** *Der Verband muss fest sitzen.*

Fest, das (die Feste): größere Veranstaltung; Party

fest|lich ☺**:** feierlich; glanzvoll: *Der Weihnachts-*

baum war festlich geschmückt.

fett ☺: **1.** gut genährt; dick. **2.** viel Fett enthaltend: *Sie haben viel und fett gegessen.*

feucht: 1. nicht sehr nass; noch nicht ganz trocken: *Ihre Haare sind noch feucht.* **2.** regnerisch

Feu|er, das (die Feuer): Flammen

fi

Fie|ber, das (die Fieber): erhöhte Körpertemperatur

fiel: ⇨ fallen

Fi|gur Ⓜ, die (die Figuren): **1.** Körperform. **2.** *Der Kreis ist eine geometrische Figur.*

Film, der (die Filme): *Im Kino habe ich einen spannenden Film gesehen.*

fin|den (sie findet, er fand, sie hat gefunden): **1.** *Die Polizei hat den Täter gefunden.* **2.** *Ich finde dich nett.*

fin|det: ⇨ finden

fing: ⇨ fangen

Fin|ger 5 , der (die Finger): Teil der Hand

Fisch 1 , der: (die Fische): Tier mit Kiemen, das im Wasser lebt

fl

flach: 1. ohne Hügel und Berge: *Das Gelände ist ganz flach.* **2.** nicht tief: *ein flacher Teller*

Flam|me ☺, die (die Flammen): Feuerflamme; Teil des Feuers

Fla|sche, die (die Flaschen): Gefäß für Flüssigkeiten: *Wasserflasche*

flat|tern ☺: meist in unruhiger Bewegung fliegen: *Der kleine Vogel flattert ängstlich hin und her.*

Fleck ☺, der (die Flecken): **1.** Klecks; Schmutzfleck; Spritzer. **2.** andersfarbige

Fledermaus

Stelle: *rote Flecken auf der Haut*

Fle|der|maus 🌐 1 , die (die Fledermäuse): Säugetier, das fliegen kann

Fleisch, das (ohne Mehrzahl): **1.** tierische und menschliche Weichteile. **2.** *Fruchtfleisch*

flei|ßig 🌐: eifrig; tüchtig: *Sie arbeiten fleißig für die Schule.*

Flie|ge, die (die Fliegen): **1.** Insekt. **2.** Schleife

flie|gen (sie fliegt, er flog, sie hat/ist geflogen): **1.** *Die Vögel sind nach Süden geflogen.* **2.** *Der Pilot hat das Flugzeug geflogen.*

fliegt: ⇨ fliegen

flie|hen Ⓜ (sie flieht, er floh, sie ist geflohen): davonlaufen

flieht: ⇨ fliehen

flie|ßen (es fließt, er floss, sie ist geflossen): *Wasser fließt immer nach unten.*

fließt: ⇨ fließen

Flo|cke ☺, die (die Flocken): lockere Zusammenballung von mehreren kleinen Teilchen: *Schneeflocken*

flog: ⇨ fliegen

floh: ⇨ fliehen

Floh Ⓜ, der (die Flöhe): Insekt

floss: ⇨ fließen

Floß 8 , das (die Flöße): einfaches Wasserfahrzeug

Flos|se ☺ 5 , die (die Flossen): **1.** *Fischflosse.* **2.** *Taucherflosse*

Flö|te, die (die Flöten): Blasinstrument aus Holz *(Blockflöte)* oder aus Metall *(Querflöte)*

Fortsetzung

flu|chen: mit unanständigen Wörtern schimpfen

flüch|ten: ausreißen; fliehen

Flug ⊖, der (die Flüge): Reise mit einem Flugzeug

Flü|gel 5 , der (die Flügel): 1. Schwinge eines Vogels. 2. Tragfläche eines Flugzeugs

Flug|ha|fen ⊕ 8 , der (die Flughäfen): Ort, an dem regelmäßig Flugzeuge starten und landen

Flug|zeug ⊖ 8 , das (die Flugzeuge): *Sie fliegen mit dem Flugzeug nach London.*

Fluss ⊙ 2 , der (die Flüsse): *Die Elbe ist ein langer Fluss.*

flüs|sig ⊖: 1. *flüssige Seife.* 2. ohne Stocken: *Er liest flüssig.*

flüs|tern: mit leiser Stimme sprechen: *Sie flüstert ihrer Freundin ein Geheimnis ins Ohr.*

fo

fol|gen: 1. jemandem hinterhergehen. 2. einen Hinweis beherzigen; eine Anweisung befolgen; gehorchen

Form, die: 1. (die Formen): Gestalt; Umriss: *Die Form des Autos gefällt mir.* 2. (die Formen): *Backform*

For|scher 10 , der (die Forscher): jemand, der etwas Neues entdecken oder erfinden will

Förs|ter 10 , der (die Förster): jemand, der sich um die Pflege des Waldes kümmert

fort: 1. weggegangen; nicht da: *Oma ist wieder fort.* 2. verschwunden: *Das Buch ist fort.*

fort|set|zen ⊕ (du setzt fort): fortfahren; (nach einer Pause) weitermachen

Fort|set|zung ⊕, die (die Fortsetzungen): Weiter-

Foto

führung: *Fortsetzung folgt!*

Fo|to, das (die Fotos): Fotografie; Bild

fo|to|gra|fie|ren: Fotos, Bilder machen

fr

Fra|ge, die (die Fragen): *Wann sind wir endlich da?*
fra|gen: eine Frage stellen
Frank|reich: Land in Europa
fran|zö|sisch: alles, was sich auf Frankreich bezieht oder von dort kommt: *französischer Käse*
fraß: ⇨ fressen
Frau, die (die Frauen): **1.** erwachsene weibliche Person. **2.** Ehefrau. **3.** Anrede: *Guten Tag, Frau Schmidt!*
frech: dreist; gemein; ohne Respekt: *Er grinst frech.*
frei: 1. nicht gefangen: *Tiger sollten frei leben können.* **2.** kostenlos: *Der Eintritt ist frei.*
Frei|tag ⊖, der (die Freitage): Wochentag
fremd ⊖: nicht von hier; unbekannt
fres|sen ⊙ (sie frisst, er fraß, sie hat gefressen): Nahrungsaufnahme von Tieren
freu|en (sich): *Wir freuen uns auf Weihnachten. Ich freue mich über dein Geschenk.*

Freund ⊖, der (die Freunde): jemand, zu dem man

fünf

Vertrauen hat und dem man alles erzählen kann

freund|lich 🌐: gut gelaunt; heiter; nett; lieb

Frie|de, der (die Frieden): ⇨ Frieden

Frie|den, der (ohne Mehrzahl; *auch* der Friede): Zustand ohne Krieg

frie|ren (sie friert, er fror, sie hat gefroren): **1.** Kälte empfinden; frösteln. **2.** zu Eis werden

friert: ⇨ frieren

frisch: 1. *frisches Obst.* **2.** unbenutzt: *Ich nehme ein frisches Handtuch.*

frisst: ⇨ fressen

froh Ⓜ: treudig; fröhlich

fröh|lich Ⓜ: ausgelassen; glücklich; vergnügt

fror: ⇨ frieren

Frosch 1 , der (die Frösche): schwanzloser Froschlurch: *Frösche quaken*

Frucht, die (die Früchte): **1.** Obst: *ein Korb mit Früchten.* **2.** Erbsen sind Hülsenfrüchte.

früh Ⓜ: **1.** *Sie verließ früh am Morgen das Haus.* **2.** frühzeitig: *Du bist früh genug gekommen.*

Früh|ling Ⓜ, der (die Frühlinge): Jahreszeit

Früh|stück Ⓜ, das (die Frühstücke): erste Mahlzeit am Morgen

fu

Fuchs Ⓜ, der (die Füchse): kleines Raubtier

füh|len Ⓜ: **1.** spüren; tasten. **2.** (sich): *Sofie fühlt sich krank.*

fuhr: ⇨ fahren

füh|ren Ⓜ: **1.** *Wir wurden durch das Museum geführt.* **2.** *Unser Team führt 2:1.*

Fül|ler ☺ 9 , der (die Füller): *Ich schreibe jetzt mit Füller.*

fünf Ⓜ: *Ich muss um fünf Uhr zu Hause sein.*

Fünf

Fünf Ⓜ, die (die Fünfen): Ziffer; Zahl: 5

für: 1. *Das Geschenk ist für dich.* **2.** *Ich habe das Buch für fünf Euro gekauft.*

fürch|ten (sich): Angst haben

Fuß 5 , der (die Füße): *Meine Füße tun weh.*

Fuß|ball ⚽, der: **1.** (die Fußbälle): Ball, der zum Fußballspielen benutzt wird. **2.** (ohne Mehrzahl): *Samstagnachmittags spielen wir Fußball.*

Fut|ter ☺, das (ohne Mehrzahl): Tiernahrung

füt|tern ☺: Tieren Futter geben; Babys Essen geben

G

g: Abkürzung für ⇨ Gramm

ga

gab: ⇨ geben

Ga|bel, die (die Gabeln): **1.** *Wir essen mit Messer und Gabel.* **2.** *Mistgabel*

gäh|nen Ⓜ: *Vor Müdigkeit musste ich gähnen.*

Gans, die (die Gänse): Vogel

ganz: 1. *Du musst deinen Saft ganz austrinken.* **2.** *Obwohl ich mit dem Fahrrad gestürzt bin, ist es ganz geblieben.*

Ga|ra|ge Ⓜ 7 , die (die Garagen): Raum für Fahrzeuge: *Das Auto steht in der Garage.*

Gar|ten 2, 7 , der (die Gärten): kleines Stück Land, auf dem Blumen, Obst und Gemüse gepflanzt werden können: *einen Garten anlegen*

gefährlich

Gärt|ner 🌸 10, der (die Gärtner): jemand, der Pflanzen züchtet und betreut

Gast, der (die Gäste): jemand, der von jemand anderem eingeladen worden ist: *Heute Abend haben wir Gäste.*

ge

Ge|bäu|de 🌸, das (die Gebäude): Haus; Bauwerk

ge|ben (du gibst, sie gibt, er gab, sie hat gegeben):
1. *Ich gebe dir das Buch.*
2. *In dem Bach gibt es viele Forellen.*

ge|be|ten: ⇨ bitten
ge|bis|sen: ⇨ beißen
ge|blie|ben: ⇨ bleiben
ge|bo|gen: ⇨ biegen
ge|bracht: ⇨ bringen
ge|brannt: ⇨ brennen
ge|bro|chen: ⇨ brechen
ge|bun|den: ⇨ binden
Ge|burts|tag 🎂, der (die Geburtstage): **1.** *An meinem nächsten Geburtstag werde ich 10 Jahre alt.* **2.** Datum der Geburt: *Geburtstag: 10.06.2000*

ge|dacht: ⇨ denken
Ge|dan|ke, der (die Gedanken): Überlegung; Einfall; Idee

Ge|dicht, das (die Gedichte): Text, der oft in Reimen, Versen oder in einem besonderen Rhythmus steht: *ein Gedicht vortragen*

ge|dul|dig 🙂: **1.** ausdauernd. **2.** verständnisvoll
ge|durft: ⇨ dürfen
Ge|fahr Ⓜ, die (die Gefahren): Bedrohung; drohendes Unheil
ge|fähr|lich 🌸: bedrohlich

gefallen

ge|fal|len ☺: (sie gefällt mir, er gefiel mir, sie hat mir gefallen): *Dein Geschenk hat mir gefallen.*
ge|fällt: ⇨ gefallen
ge|fiel: ⇨ gefallen
ge|flo|gen: ⇨ fliegen
ge|flo|hen: ⇨ fliehen
ge|flos|sen: ⇨ fließen
ge|fro|ren: ⇨ frieren
Ge|fühl Ⓜ, das: **1.** (die Gefühle): *ein Gefühl des Glücks.* **2.** (ohne Mehrzahl): *Tom hat ein gutes Gefühl nach der Mathearbeit.*
ge|fun|den: ⇨ finden
ge|gan|gen: ⇨ gehen
ge|gen: 1. *Er stieß gegen die Wand.* **2.** *Heute waren alle gegen mich.*
ge|gen|ei|nan|der ☺: einer gegen den anderen
Ge|gen|stand ➔, der (die Gegenstände): Ding
Ge|gen|teil ☺, das (die Gegenteile): *Hässlich ist das Gegenteil von schön.*
Ge|gen|wart, die (ohne Mehrzahl): Zeit, in der man gerade lebt
ge|ges|sen: ⇨ essen
ge|gos|sen: ⇨ gießen
ge|grif|fen: ⇨ greifen
ge|han|gen: ⇨ hängen
Ge|he|ge, das (die Gehege): umzäunter Bereich für Tiere: *das Affengehege im Zoo*
ge|heim: *Das Versteck ist geheim.*
Ge|heim|nis ☺, das (die Geheimnisse): etwas Heimliches; Unentdecktes
ge|hen Ⓜ (sie geht, er ging, sie ist gegangen): **1.** laufen. **2.** *Wir gehen auf den Jahrmarkt.* **3.** *Der Zug geht um fünf.* **4.** *Der Fernseher geht wieder.* **5.** *Mir geht es gut.*
ge|ho|ben: ⇨ heben
ge|hol|fen: ⇨ helfen
ge|hö|ren: 1. *Der Gameboy gehört mir.* **2.** *Ich gehöre zur Fußballmannschaft.*

Geräusch

g<u>e</u>ht: ⇨ gehen
Gei|ge, die (die Geigen): Instrument

G<u>ei</u>st, der: 1. (ohne Mehrzahl): Denkfähigkeit; Verstand. 2. (die Geister): Gespenst
ge|ka̱nnt: ⇨ kennen
ge|klu̱n|gen: ⇨ klingen
ge|ko̱nnt: ⇨ können
ge|kro̱|chen: ⇨ kriechen
ge̱lb ⇨: *Sonnenblumen haben gelbe Blüten.*
Ge̱lb ⇨, das (ohne Mehrzahl): Farbe
Ge̱ld ⇨, das (ohne Mehrzahl): *Mein Geld reicht für eine neue CD.*
ge|le̱|gen: ⇨ liegen
ge|l<u>ie</u>|hen: ⇨ leihen

ge|li̱t|ten: ⇨ leiden
ge|lo̱|gen: ⇨ lügen
ge|m<u>ei</u>n|sam: alle zusammen
ge|mo̱cht: ⇨ mögen
Ge|mü̱|se, das (die Gemüse): *Wir bauen Gemüse im Garten an.*
ge|mu̱sst: ⇨ müssen
ge|mü̱t|lich: 1. angenehm; bequem. 2. ohne Eile
ge|na̱nnt: ⇨ nennen
ge|n<u>au</u>: eindeutig; exakt; gründlich; sorgfältig
ge|no̱m|men: ⇨ nehmen
ge|nu̱g ⓜ: ausreichend
ge|pfi̱f|fen: ⇨ pfeifen
ge|ra̱|de: 1. nicht krumm: *Der Weg läuft gerade.* 2. in diesem Moment: *Ich bin gerade gekommen.*
ge|ra|de|<u>aus</u> ⓔ: in gerader Richtung weiter
ge|ra̱nnt: ⇨ rennen
Ge|r<u>äu</u>sch ⓜ, das (die Geräusche): *Im Wald waren in der Nacht seltsame Geräusche zu hören.*

gerecht

ge|recht: *Sie hat die Schokolade gerecht zwischen allen Kindern aufgeteilt.*
ge|rie|ben: ⇨ reiben
ge|ris|sen: ⇨ reißen
ge|rit|ten: ⇨ reiten
gern (*auch* gerne): bereitwillig; freudig
ger|ne: ⇨ gern
ge|ro|chen: ⇨ riechen
Ge|schäft ⓜ, das (die Geschäfte): **1.** Handel; Verkauf. **2.** *Sie haben ein neues Geschäft in unserer Straße eröffnet.*
ge|schah: ⇨ geschehen
ge|sche|hen ⓜ (es geschieht, es geschah, es ist geschehen): sich ereignen; passieren
ge|scheit: intelligent; klug
Ge|schenk, das (die Geschenke): *An ihrem Geburtstag hat sie Geschenke bekommen.*
Ge|schich|te, die: **1.** (ohne Mehrzahl): *die Geschichte des Römischen Reiches.* **2.** (die Geschichten): *Unsere Lehrerin kann gut Geschichten erzählen.*
ge|schieht: ⇨ geschehen
ge|schie|nen: ⇨ scheinen
Ge|schirr ⓢ, das: (ohne Mehrzahl): *Wir müssen das Geschirr abwaschen.*
ge|schli|chen: ⇨ schleichen
ge|schlos|sen: ⇨ schließen
ge|schnit|ten: ⇨ schneiden
ge|scho|ben: ⇨ schieben
ge|schos|sen: ⇨ schießen
ge|schrie|ben: ⇨ schreiben
ge|schrien: ⇨ schreien
ge|schwie|gen: ⇨ schweigen
Ge|schwis|ter, die (Mehrzahl): alle Brüder und Schwestern in einer Familie
ge|schwom|men: ⇨ schwimmen

gewonnen

ge|ses|sen: ➪ sitzen
Ge|setz ☺, das (die Gesetze): Vorschrift, die unbedingt eingehalten werden muss
Ge|sicht 5 , das (die Gesichter): Vorderseite des menschlichen Kopfes
ge|so|gen: ➪ saugen
Ge|spenst, das (die Gespenster): Spukgestalt
ge|spro|chen: ➪ sprechen
ge|sprun|gen: ➪ springen
ge|stan|den: ➪ stehen
ges|tern: ein Tag vor heute
ge|stie|gen: ➪ steigen
ge|sto|chen: ➪ stechen
ge|stoh|len: ➪ stehlen
ge|stor|ben: ➪ sterben
ge|stri|chen: ➪ streichen
ge|strit|ten: ➪ streiten
ge|stun|ken: ➪ stinken
ge|sund ➡ (gesünder, am gesündesten): **1.** nicht krank: *Jens ist wieder gesund.* **2.** *Milch ist gesund.*
ge|sun|gen: ➪ singen
ge|sun|ken: ➪ sinken

ge|tan: ➪ tun
Ge|tränk Ⓜ, das (die Getränke): *Heiße Getränke wie Tee oder Kakao sind heute kostenlos.*
ge|trennt: ➪ trennen
ge|trof|fen: ➪ treffen
ge|trun|ken: ➪ trinken
Ge|walt, die: (ohne Mehrzahl): körperlicher Druck: *Das Fenster ließ sich nur mit Gewalt öffnen.*
ge|wandt Ⓜ: ➪ wenden
ge|wann: ➪ gewinnen
ge|we|sen: ➪ sein
Ge|wicht, das: (ohne Mehrzahl): *Das Paket hat ein Gewicht von 3 Kilo.*
ge|win|nen ☺ (sie gewinnt, er gewann, sie hat gewonnen): **1.** Erster, Sieger sein. **2.** *im Lotto gewinnen*
ge|winnt: ➪ gewinnen
Ge|wit|ter ☺, das (die Gewitter): Unwetter mit Blitz und Donner
ge|wo|gen: ➪ wiegen
ge|won|nen: ➪ gewinnen

geworden

ge|wor|den: ⇨ werden
ge|wor|fen: ⇨ werfen
ge|wun|ken: ⇨ winken
Ge|würz, das (die Gewürze): *Wir verwenden beim Kochen immer viele Gewürze.*
ge|wusst: ⇨ wissen
ge|zo|gen: ⇨ ziehen
ge|zwun|gen: ⇨ zwingen

gi

gibt: ⇨ geben
gie|ßen (du gießt, sie gießt, er goss, sie hat gegossen): **1.** *Ich muss noch Blumen gießen.* **2.** heftiger Regen fällt: *Heute gießt es aber.*
gießt: ⇨ gießen
Gift, das (die Gifte): Stoff, der eine schädliche oder tödliche Wirkung hat
gif|tig 😑: ein Gift enthaltend: *giftige Pilze*
ging: ⇨ gehen
Gip|fel 2, der (die Gipfel): Bergspitze
Gi|raf|fe 😊 1, die (die Giraffen): Tier mit außerordentlich langem Hals
Gi|tar|re 😊, die (die Gitarren): Zupfinstrument

gl

glän|zen 😊: funkeln; strahlen
Glas, das: **1.** (ohne Mehrzahl): hartes, durchsichtiges Material. **2.** (die Gläser): Trinkgefäß aus Glas
glatt 😊 (glatter, am glattesten; *auch* glätter, am glättesten): **1.** ohne Unebenheit. **2.** *Die Straße ist gefährlich glatt.*

graben

glau|ben: 1. vermuten: *Ich glaube, das könnte richtig sein.* **2.** vertrauen: *Ich glaube dir.* **3.** *Ich glaube an Gott.*

gleich: 1. *Die Zwillinge sahen ganz gleich aus.* **2.** unverändert: *Es ist alles gleich geblieben.* **3.** sofort: *Du sollst gleich kommen.*

gleich|zei|tig ⊙: 1. zur gleichen Zeit. **2.** auch: *Das Sofa ist gleichzeitig Schlafcouch.*

Gleis, das (die Gleise): *Unser Zug fährt auf Gleis 1 ein.*

Glo|bus ⓜ 9 **,** der (die Globusse, *auch* die Globen): **1.** Abbild der Erdoberfläche auf einer Kugel. **2.** die Erde

Glo|cke ⊙**,** die (die Glocken): *Die Glocken klingen leise.*

Glück ⊙**,** das (ohne Mehrzahl): **1.** positiv (gut) empfundener Zustand (glücklich sein). **2.** positiver (guter) Zufall (Glück haben)

glück|lich ⊜**: 1.** froh: *Lilo und Timo sind glücklich.* **2.** *die glücklichen Gewinner*

go

Gold ⊙**,** das (ohne Mehrzahl): gelb schimmerndes Edelmetall

gol|den: aus Gold oder wie Gold aussehend

goss: ⇨ gießen

gr

gra|ben (sie gräbt, er grub, sie hat gegraben): (z. B. ein Loch in die Erde) buddeln; schaufeln

gräbt: ⇨ graben
Grad ⊙, der (die Grade):
  1. Maß; Teil eines Ganzen. 2. (*auch* das Grad): Maßeinheit: *Grad Celsius*
Gramm ⊙, das (die Gramme): *Du musst 100 Gramm Mehl abwiegen.*
Gras [2], das: 1. (die Gräser): Pflanze mit hohlem Stängel und schmalen Blättern. 2. (ohne Mehrzahl): *Wir müssen das Gras mähen.*
gra|tu|lie|ren: *Ich gratuliere zum Geburtstag.*
grau: *Opa hat schon ganz graue Haare.*
Grau, das (ohne Mehrzahl): Farbe
grei|fen (sie greift, er griff, sie hat gegriffen): fassen; in die Hand nehmen
greift: ⇨ greifen
Grie|chen|land ⊕: Land in Europa
grie|chisch: alles, was sich auf Griechenland bezieht oder von dort kommt: *die griechische Sprache*
griff: ⇨ greifen
Griff ⊙, der (die Griffe):
  1. Handbewegung: *Mit einem Griff ist der Pulli aufgeräumt.* 2. Henkel; Klinke
grin|sen: *Er grinst schadenfroh.*

groß (größer, am größten):
  1. *Du bist aber groß geworden.* 2. *Sie haben eine große Wohnung.* 3. sehr: *Sie hat großen Hunger.*
Groß|bri|tan|ni|en Ⓜ: Land in Europa
Grö|ße, die (die Größen): Umfang; Ausmaß; Höhe; Länge
Groß|el|tern ⊕ [4], die (Mehrzahl): Großvater und Großmutter
grub: ⇨ graben

hacken

grün: *das grüne Gras*
Grün, das (ohne Mehrzahl): Farbe
Grup|pe ☺**,** die (die Gruppen): Menge von mehreren Dingen oder Lebewesen, die etwas gemeinsam haben oder etwas gemeinsam tun
Gruß, der (die Grüße): freundliche Worte, z. B. wenn man sich begegnet
grü|ßen: 1. Guten Tag sagen. **2.** Grüße übermitteln

gu

Gum|mi|bär|chen 🍬 3 , das (die Gummibärchen): Süßigkeit
Gur|ke 3 , die (die Gurken): Salat- und Gemüsepflanze
Gür|tel 6 , der (die Gürtel): Band aus Stoff oder Leder, das um die Taille getragen wird; Gurt
gut (besser, am besten): **1.** *Er ist ein guter Schüler.* **2.** *Das ist aber eine gute Nachricht.* **3.** *Die Milch ist noch gut.* **4.** *Sie ist ein guter Mensch.*

H

ha

Haar Ⓜ 5 , das (die Haare): *Luis muss sich noch die Haare kämmen.*
ha|ben (du hast, sie hat, er hatte, sie hat gehabt): *Susi hat einen Hund.*
ha|cken ☺**: 1.** spalten: *Holz hacken.* **2.** *Der Hahn hackt nach den Hühnern.*

Hafen

Ha|fen 8 , der (die Häfen): Anlegestelle für Schiffe

Hahn Ⓜ 1 , der (die Hähne): **1.** *Der Hahn im Hühnerhof kräht morgens um fünf Uhr.* **2.** *Wasserhahn*

Hai Ⓜ 1 , der (die Haie): Raubfisch

hä|keln Ⓜ: *Wir häkeln Topflappen.*

Ha|ken, der (die Haken): *Angelhaken*

halb ➡: die Hälfte von etwas ausmachen: *Es dauert eine halbe Stunde.*

half: ➪ helfen

Hälf|te Ⓜ, die (die Hälften): einer von zwei meist gleich großen Teilen von etwas: *Sie teilen die Tafel Schokolade in zwei Hälften.*

Hal|le ➰, die (die Hallen): **1.** *Turnhalle; Eissporthalle.* **2.** größerer Raum: *Eingangshalle*

Hals 5 , der (die Hälse): **1.** *Hast du dir auch den Hals gewaschen?* **2.** *Es kratzt im Hals.*

hält: ➪ halten

hal|ten (sie hält, er hielt, sie hat gehalten): **1.** *eine Tasse halten.* **2.** *ein Versprechen halten.* **3.** *Der Bus hält an jeder Haltestelle.*

Ham|bur|ger 3 , der (die Hamburger): **1.** *Einwohner der Stadt Hamburg.* **2.** *Bitte einen Hamburger mit viel Ketchup.*

Ham|mer ☉, der (die Hämmer): Schlagwerkzeug mit Stiel: *ein schwerer Hammer*

Hams|ter, der (die Hamster): Nagetier

Hand → 5 , die (die Hände): Teil des Armes

Hand|ball ⊕, der: **1.** (die Handbälle): Ball für das Handballspiel. **2.** (ohne Mehrzahl): Mannschaftssportart

han|deln: 1. etwas unternehmen; machen: *schnell handeln.* **2.** *Das Buch handelt von Indianern.*

Han|dy Ⓜ, das (die Handys): Mobiltelefon

Hang, der (die Hänge): *den steilen Hang mit Skiern hinunterfahren*

hän|gen Ⓜ: **1.** (sie hängt, er hing, sie hat gehangen): *Die Äpfel hängen am Baum.* **2.** (sie hängt, er hängte, sie hat gehängt): **a)** *Kim hängte das Poster an die Wand.* **b)** (sich): *Tom hat sich an den untersten Ast gehängt.*

hängt: ⇨ hängen

hart (härter, am härtesten): *Das Brot ist schon hart.*

Ha|se 1 , der (die Hasen): Nagetier mit langen Ohren

Ha|sel|nuss ⊕, die (die Haselnüsse): Frucht des Haselnussstrauches

Hass ☉, der (ohne Mehrzahl): Abneigung; Abscheu

has|sen ☉ (du hasst): abscheulich finden; nicht leiden können

häss|lich Ⓜ: nicht schön; abstoßend

hat: ⇨ haben

hatte

hat|te: ⇨ haben
Hau|fen, der (die Haufen): Anhäufung; ungeordneter Stapel: *Komposthaufen*
häu|fig Ⓜ: oft; viele Male
Haupt|stadt 🌐, die (die Hauptstädte): meist die Stadt, in der die Regierung eines Landes sitzt
Haus, das (die Häuser): Gebäude, das vor allem zum Wohnen genutzt wird
Haut 5 , die (die Häute): äußere Körperbedeckung als Schutz und Wärmeregler bei Menschen und Tieren

he

he|ben (sie hebt, er hob, sie hat gehoben): *den Arm heben; den Kopf heben*
hebt: ⇨ heben
He|cke 🙂 2 , die (die Hecken): Umzäunung aus Büschen
Heft 9 , das (die Hefte): **1.** gebundene Blätter: *Schreibheft.* **2.** einzelne Ausgabe einer Zeitschrift
hef|tig ➡: stark; kräftig: *Es regnet heftig.*
heim|lich 🌐: unbemerkt; verborgen: *heimlich naschen*
Hei|rat, die (die Heiraten): Eheschließung; Hochzeit
hei|ra|ten: 1. eine Ehe schließen. **2.** jemanden zur Ehefrau, zum Ehemann nehmen
heiß: sehr warm
hei|ßen (du heißt, sie heißt, er hieß, sie hat geheißen): *Ich heiße Paul.*
heißt: ⇨ heißen
hei|zen (du heizt): warm machen; die Heizung, den Ofen laufen lassen
Hei|zung 🌐 7 , die (die Heizungen): Anlage, Ge-

rät zur Erwärmung eines Raumes

hel|fen (sie hilft, er half, sie hat geholfen): **1.** Hilfe leisten: *beim Abtrocknen helfen.* **2.** nützen: *Die Salbe hat geholfen.*

hell ☺: beleuchtet

Helm 8 , der (die Helme): Kopfschutz

Hemd ➔ 6 , das (die Hemden): Kleidungsstück für den Oberkörper

Hen|kel, der (die Henkel): Griff, Halter an Tassen und Töpfen

Hen|ne ☺, die (die Hennen): weibliches Huhn

her: 1. *Kommst du mal her?* **2.** *Das ist eine Woche her.*

he|raus: von drinnen nach draußen

Herbst, der (die Herbste): Jahreszeit

Herd ➔ 7 , der (die Herde): Kochstelle; Kochplatte und Backofen

Her|de, die (die Herden): größere zusammengehörende Tiergruppe: *eine Herde Schafe*

he|rein: von draußen nach drinnen: *Herein, bitte!*

Herr ☺, der (die Herren): Mann; auch höfliche Anrede für einen Mann: *Herr Drescher*

herr|lich ☺: sehr schön; sehr gut: *Ist das nicht herrlich?*

herr|schen Ⓜ: **1.** über andere bestimmen; an der Spitze stehen: *Der König herrscht über ein großes Reich.* **2.** bestehen; verbreitet sein: *Auf der Feier herrscht gute Stimmung.*

her|stel|len ☺: entstehen lassen; erzeugen

he|rum: 1. *Du hältst das Buch verkehrt herum.*

herunter

2. rundherum: *um den Garten herum*

he|run|ter: abwärts; nach unten: *Der Weg führte sie ins Tal herunter.*

her|vor Ⓜ: von hinten nach vorn; von unten nach oben; aus etwas heraus: *Er kramte aus seiner Tasche ein Bonbon hervor.*

Herz, das (die Herzen): **1.** großer Muskel in der Brust. **2.** Ort im Körper, an dem Gefühle sitzen sollen. **3.** Figur, Gegenstand in Herzform: *ein rotes Herz malen*

herz|lich 🌐: *Herzlichen Glückwunsch!*

het|zen 😊 (du hetzt): **1.** jemanden jagen: *Die Polizei hetzte die Verbrecher.* **2.** rennen; eilen: *Die Hunde hetzen den Weg entlang.*

Heu [2], das (ohne Mehrzahl): abgemähtes, getrocknetes Gras

heu|len: 1. weinen. **2.** *Wölfe heulen.*

heu|te: an diesem Tag

He|xe Ⓜ, die (die Hexen): im Märchen meist böse Frau mit Zauberkräften

hi

hielt: ⇨ halten

hier: an dieser Stelle; an diesem Punkt: *Die Milch steht hier.*

hier|her 🌐: an diese Stelle, diesen Ort: *Sie kommen hierher, um Ferien zu machen.*

hieß: ⇨ heißen

Hil|fe, die (die Hilfen): Mitarbeit; Unterstützung

hilft: ⇨ helfen

Him|bee|re Ⓜ [3], die (die Himbeeren): rote Beere

Him|mel 😊 [2], der (ohne Mehrzahl): **1.** scheinbares Gewölbe über der Erde: *Heute ist der Himmel ganz blau.* **2.** Paradies

hin: in Richtung auf
hi|nauf ⊕: nach oben; aufwärts: *Er blickte lange zu den Sternen hinauf.*
hi|naus ⊕: nach draußen: *Er stand auf und ging hinaus.*
hin|dern: abhalten
hi|nein: nach drinnen: *Sie öffnete die Tür und ging in das Zimmer hinein.*
hin|fal|len ⊕ (sie fällt hin, er fiel hin, sie ist hingefallen): *Peter fiel auf der Treppe hin.*
hing: ⇨ hängen
hin|ken: 1. humpeln. 2. *Er hinkt vom Fußballfeld.*
hin|ten: 1. auf der Rückseite. 2. an letzter Stelle
hin|ter: 1. auf der Rückseite. 2. nach: *Lara steht hinter Torben.*
hin|ter|ei|nan|der ⊕: einer hinter dem anderen: *Im Gänsemarsch sind sie hintereinander hergelaufen.*

hin|ter|her ⊕: 1. *Er ist dem Hund hinterher.* 2. danach; im Anschluss: *Hinterher waren wir ganz erschöpft.*
hi|nun|ter ⊕: abwärts; nach unten: *Das Wasser ist den Berg hinuntergeflossen.*
Hin|weis ⊕, der (die Hinweise): 1. Rat; Empfehlung: *einem Hinweis folgen* 2. Anhaltspunkt; Anzeichen
Hit|ze ☺, die (ohne Mehrzahl): hohe Temperatur; sehr starke Wärme

ho

hob: ⇨ heben
Hob|by Ⓜ, das (die Hobbys): etwas, das man in

hoch

der Freizeit besonders gern macht

hoch (höher, am höchsten): **1.** *ein hoher Berg.* **2.** *Der Adler fliegt ganz hoch.*

höchs|ten (am): ⇨ hoch

Hoch|zeit 🌐, die (die Hochzeiten): Fest, Feier zur Eheschließung

Ho|cker 😊 7 , der (die Hocker): Stuhl ohne Lehne

Hof, der (die Höfe): **1.** zu einem Gebäude gehörender Platz: *Die Kinder spielen auf dem Hof.* **2.** Bauernhof

hof|fen 😊: erwarten; wünschen

hof|fent|lich Ⓜ: jemand wünscht sich etwas sehr: *Hoffentlich regnet es nicht.*

höf|lich 🌐: aufmerksam und rücksichtsvoll: *ein höfliches Benehmen*

Hö|he Ⓜ, die (die Höhen): Abmessung nach oben:

Der Turm hat eine Höhe von 50 m.

hö|her: ⇨ hoch

hohl Ⓜ: innen leer; ohne Inhalt

Höh|le Ⓜ, die (die Höhlen): natürlicher Hohlraum in der Erde, in einem Felsen: *Bärenhöhle*

ho|len: 1. *ein Glas holen.* **2.** (sich): *sich Rat holen.* **3.** (sich): *sich einen Schnupfen holen*

Holz 2 , das: (ohne Mehrzahl): *Stämme, Äste und Wurzeln von Bäumen und Sträuchern liefern Holz.*

Ho|nig ➔ 3 , der (die Honige): *Oma streicht sich dick Honig aufs Brot.*

hop|peln 😊: *Der Hase hoppelt über das Feld.*

hö|ren: 1. mit den Ohren aufnehmen. **2.** befolgen: *Er hörte auf ihren Rat.*

Hö|rer, der (die Hörer): Gerät zum Hören: *Telefonhörer*

Ho|se 6, die (die Hosen): *eine frische Hose anziehen*

hu

hübsch ⓜ: schön; gut aussehend

Hub|schrau|ber ⓜ 8, der (die Hubschrauber): Luftfahrzeug mit Drehflügeln

Huf 5, der (die Hufe): horniger Überzug der Zehen bei Huftieren wie Pferden, Kühen, Eseln

Hü|gel 2, der (die Hügel): Anhöhe; kleiner Berg

Huhn ⓜ 1, das (die Hühner): Vogel

Hül|le ☺, die (die Hüllen): Überzug; Umschlag

hum|peln: mit einem Bein nicht richtig auftreten können; hinken

Hund ⊙ 1, der (die Hunde): *Er ging mit seinen Hunden spazieren.*

hun|dert: *bis hundert zählen*

Hun|dert, die (die Hunderte): *Hunderte von Laternen leuchteten in der Nacht.*

hun|gern: nichts zu essen haben; Hunger haben

hung|rig ⊙: Hunger habend

hu|pen: ein Signal geben; tuten

hüp|fen: springen

Hus|ten, der (ohne Mehrzahl): *Gegen ihren Husten trank sie heiße Milch mit Honig.*

Hut 6, der (die Hüte): Kopfbedeckung: *einen Hut tragen*

Hüt|te ☺, die (die Hütten): kleines, einfaches Haus

I

ic

ICE ⓜ 8, der (die ICEs): Abkürzung für ⇨ Intercityexpress

ich

ich: *Ich bin Lexi.*

id

Idee ⓜ, die (die Ideen): Gedanke; Einfall: *Das ist eine gute Idee.*

ig

Igel ⓜ 1 , der (die Igel): kleines Säugetier mit Stacheln

ih

ihm ⓜ: *Sie kaufte ihm ein Eis.*
ihn ⓜ: *Ich hole ihn später ab.*
ih|nen ⓜ: *Er half ihnen nicht.*
ihr, ih|re ⓜ: **1.** *Sie hat ihr Geld verloren.* **2.** *Was macht ihr denn gerade so?*

im

im: 1. (in dem): *Im Keller ist es dunkel.* **2.** *Im Sommer ist es warm.*
im|mer ⓜ: **1.** *Er hat immer schlechte Laune.* **2.** nach und nach: *Es wird immer kälter.*
imp|fen ⓜ: *Die Kinder werden gegen Masern geimpft.*

in

in: 1. *Sie wohnt jetzt in Berlin.* **2.** *Wir besuchen sie in den Ferien.* **3.** *Das T-Shirt gibt es in vielen Farben.* **4.** *Ich bin gut in Mathe.*
In|di|a|ner ⓜ, der (die Indianer): Ureinwohner Amerikas
In|for|ma|ti|on ⓜ, die (die Informationen): Mitteilung; Hinweis: *Sie hat alle Informationen erhalten.*
in|for|mie|ren: 1. jemandem eine Nachricht oder

Auskunft über etwas geben: *Wir informierten sofort die Polizei.* **2.** (sich): *sich über Wölfe informieren*

In|halt, der (die Inhalte): **1.** *Wir sind neugierig auf den Inhalt des Pakets.* **2.** *den Inhalt einer Geschichte zusammenfassen*

in|nen ☺: *Die Tür stand offen und wir konnten uns die Hütte von innen ansehen.*

ins (in das): *Wir gehen später ins Schwimmbad.*

In|sekt, das (die Insekten): *Ameisen, Fliegen und Käfer sind Insekten.*

In|sel, die (die Inseln): Land, das auf allen Seiten von Wasser umgeben ist: *auf einer einsamen Insel leben*

In|stru|ment, das (die Instrumente): *Musikinstrument*

in|tel|li|gent ☺: klug; schlau: *Das Kind ist sehr intelligent.*

In|ter|ci|ty|ex|press 🚆, der (die Intercityexpresse): Zug, der sehr schnell fahren kann

in|te|res|sant Ⓜ: spannend; reizvoll: *Lucas Vortrag über Wölfe war interessant.*

In|te|res|se Ⓜ, das (die Interessen): besondere Aufmerksamkeit: *Er hat großes Interesse an der neuen CD.*

in|te|res|sie|ren Ⓜ: **1.** *Sie versuchen ihn für Fußball zu interessieren, obwohl er lieber Volleyball spielt.* **2.** (sich): *Er interessiert sich für Fußball.*

In|ter|view Ⓜ, das (die Interviews): Gespräch zwischen einem Reporter und einer Person, das veröffentlicht werden soll: *ein Interview geben*

irisch

ir

irisch: alles, was sich auf Irland bezieht oder von dort kommt: *Sie spielten irische Musik.*

Ir|land ☻**:** Insel und Land im Nordwesten Europas

ir|ren ☻**: 1.** (sich) (sie hat sich geirrt): sich täuschen: *Da irrst du dich.* **2.** (sie ist geirrt): nicht wissen, wohin man laufen soll: *Sie sind durch die Straßen der fremden Stadt geirrt.*

is

isst: ⇨ essen
ist: ⇨ sein

it

Ita|li|en Ⓜ**:** Land im Süden Europas

ita|lie|nisch Ⓜ**:** alles, was sich auf Italien bezieht oder von dort kommt: *Familie Blum liebt italienisches Essen.*

J

ja

ja: *Möchtest du Nachtisch? – Ja.*

Ja|cke ☻ 6 , die (die Jacken): *Draußen ist es kalt. Zieh besser deine Jacke an.*

ja|gen: 1. z. B. Wildschweine aufspüren und verfolgen, um sie zu fangen oder zu töten. **2.** schnell laufen; verfolgen: *Die Polizei jagte die Verbrecher.*

Jahr Ⓜ**,** das (die Jahre): Zeitraum von zwölf Monaten oder 365 Tagen

Jah|res|zeit ☻**,** die (die Jahreszeiten): Frühling, Sommer, Herbst und Winter:

Das Wetter ist für die Jahreszeit zu warm.

Jahr|hun|dert 🌐, das (die Jahrhunderte): Zeitraum von hundert Jahren: *im 20. Jahrhundert (1900–1999)*

Jak, der (die Jaks): ⇨ Yak

jam|mern ☺: laut klagen; unter Seufzen und Stöhnen seinen Kummer, seine Schmerzen zeigen: *Du jammerst nur!*

Ja|nu|ar, der: erster Monat im Jahr

jau|len: heulen; (vor allem bei Hunden) lang gezogene, klagend klingende Töne von sich geben: *Der Hund jaulte jämmerlich.*

je

Jeans Ⓜ 6 , die (die Jeans): *Ihre neue Jeans hat einen langen Riss.*

je|de, je|der, je|des: *Jeder bekam ein T-Shirt. Jedes Kind bekam ein Eis.*

je|mand ⇨: irgendjemand; irgendein Mensch: *Ich habe da jemanden gesehen.*

jetzt Ⓜ: nun; im Augenblick: *Die Hausaufgaben sind erledigt. Jetzt kann ich rausgehen.*

jo

jog|gen Ⓜ: laufen: *Lexi joggt im Park.*

Jo|ghurt Ⓜ 3 , der (die Joghurts; *auch* der Jogurt, die Jogurts): *Wie schmeckt der Joghurt?*

Jo|gurt, der (die Jogurts): ⇨ Joghurt

ju

ju|beln: Freude laut und lebhaft äußern: *Die Fans*

jubeln

Juli

jubelten, als die Fußballspieler herauskamen.

Ju|li, der: siebter Monat im Jahr

jung (jünger, am jüngsten): nicht alt: *das junge Kätzchen*

Jun|ge, das (die Jungen): junges, vor Kurzem geborenes Tier: *Die Katze säugt ihre Jungen.*

Jun|ge, der (die Jungen): männliches Kind: *Jungen und Mädchen*

Ju|ni, der: sechster Monat im Jahr

K

k

Du sprichst ein Wort am Anfang wie *k* aus, kannst es aber unter *k* nicht finden. Dann suche auch unter *c*. Beispiele: *clever; der Comic; der Cowboy*

ka

Kä|fer Ⓜ, der (die Käfer): Insekt mit Flügeln: *Maikäfer*

Kä|fig Ⓜ, der (die Käfige): ein Kasten oder ein Raum, in dem Tiere gehalten werden

Kak|tus , der (die Kakteen): Pflanze, die meistens viele Dornen trägt

Kalb ⊖, das (die Kälber): Bezeichnung für das Junge, z. B. von Rindern, Hirschen, Giraffen und Elefanten

Ka|len|der , der (die Kalender): Verzeichnis der Tage, Wochen und Monate eines Jahres

kalt (kälter, am kältesten): niedrige Temperatur; nicht warm

Käl|te ☺, die (ohne Mehrzahl): niedrige Temperatur

kam: ⇨ kommen

Ka|mel, das (die Kamele): großes Huftier, das in Wüstengebieten lebt

Ka|me|ra, die (die Kameras): **1.** Aufnahmegerät für Filmaufnahmen; Fernsehkamera: *Kamera läuft!* **2.** Fotoapparat

Ka|min [7], der (die Kamine): offene Feuerstelle in einem Zimmer: *den Kamin anzünden*

Kamm ☺, der (die Kämme): Gerät zum Ordnen, zum Kämmen der Haare

käm|men ☺: *Haare kämmen; Wolle kämmen*

Kampf ⓜ, der (die Kämpfe): Auseinandersetzung

kämp|fen ☺: an einem Kampf teilnehmen

Ka|nal, der (die Kanäle): **1.** künstlich angelegter Fluss. **2.** Rohr, durch das Wasser fließt: *Abwasserkanal*

Kän|gu|ru ⓜ, das (die Kängurus): Beuteltier

Ka|nin|chen, das (die Kaninchen): Nagetier: *ein Kaninchen aus dem Hut zaubern*

kann: ⇨ können

Kan|ne ☺, die (die Kannen): Behälter für Getränke: *Teekanne*

kann|te: ⇨ kennen

Ka|pi|tän ⓜ [8, 10], der (die Kapitäne): **1.** Führer eines Schiffes oder Flugzeugs. **2.** Anführer einer Mannschaft, z. B. beim Fußball

Ka|pi|tel ⓜ, das (die Kapitel): größerer Abschnitt eines längeren Textes, z. B. eines Buches

Kap|pe ☺ [6], die (die Kappen): **1.** Kopfbedeckung. **2.** Deckel; Verschluss: *Verschlusskappe*

ka|putt ☺: zerbrochen; beschädigt

Kapuze

Ka|pu|ze 6 , die (die Kapuzen): eine an Mantel, Jacke oder Pullover befestigte Kopfbedeckung

ka|riert: mit Karos: *kariertes Papier*

Ka|ro, das (die Karos): Viereck

Ka|rot|te ☺ 3 , die (die Karotten): Möhre; Mohrrübe; Gelbe Rübe

Kar|te, die (die Karten): **1.** *Karteikarte.* **2.** *Postkarte.* **3.** *Fahrkarte.* **4.** *Landkarte.* **5.** *Spielkarte*

Kar|tof|fel ☺ 3 , die (die Kartoffeln): *Heute Mittag gibt es Kartoffeln.*

Kar|ton Ⓜ, der (die Kartons): **1.** steifes, dickes Papier; Pappe. **2.** Pappschachtel

Kä|se Ⓜ 3 , der (die Käse): Nahrungsmittel, das aus Milch hergestellt wird

Kas|se ☺, die (die Kassen): **1.** Stelle, an der man bezahlen muss. **2.** Behälter, in dem Geld aufbewahrt wird

Kas|set|te Ⓜ, die (die Kassetten): **1.** *Wir nehmen unser Hörspiel auf Kassette auf und spielen es anderen vor.* **2.** *Videokassette*

Kas|set|ten|re|cor|der Ⓜ, der (die Kassettenrecorder): ⇨ Kassettenrekorder

Kas|set|ten|re|kor|der Ⓜ 9 , der (die Kassettenrekorder; *auch* der Kassettenrecorder, die Kassettenrecorder): Gerät zur Aufzeichnung und Wiedergabe von Tönen; Gerät zum Abspielen von Kassetten

Kas|ta|nie Ⓜ 2 , die (die Kastanien): Frucht des Kastanienbaums: *Kastanien sammeln*

Kas|ten, der (die Kästen): Behälter; Kiste

112

Ka|ter, der (die Kater): männliche Katze

Kat|ze ☺ 1 , die (die Katzen): Haustier

kau|fen: für Geld erwerben: *Ich kaufe mir ein Comicheft.*

Käu|fer ⚥, der (die Käufer): jemand, der etwas kauft

kaum: fast nicht: *Es war so neblig, dass wir die Berge kaum gesehen haben.*

ke

kein, kei|ne, kei|ner: *Er hat kein Geld mehr.*

Keks Ⓜ 3 , der (*auch* das Keks; die Kekse): kleines Gebäck: *Kekse essen*

Kel|ler ☺ 7 , der (die Keller): *Lilli holt die Kartoffeln aus dem Keller.*

ken|nen ☺ (sie kennt, er kannte, sie hat gekannt): 1. *Ich kenne deine Adresse nicht.* 2. *Wir kennen uns schon lange.*

kennt: ⇨ kennen

Kern, der (die Kerne): 1. *Kirschkern.* 2. Hauptsache; Mittelpunkt

Ker|ze, die (die Kerzen): *Auf dem Adventskranz brennen alle vier Kerzen.*

Ket|chup Ⓜ 3 , das (*auch* der Ketchup; die Ketchups): dickflüssige Tomatensoße

Ket|schup, das (*auch* der Ketschup; die Ketschups): ⇨ Ketchup

Ket|te ☺ 6 , die (die Ketten): 1. *Halskette.* 2. Band aus einzelnen Gliedern, Ringen: *Der bissige Hund lag an der Kette.*

kg

kg: Abkürzung für ⇨ Kilogramm

ki

ki|chern: leise lachen

Kie|fer, der (die Kiefer): Gesichtsknochen, der den

Kiefer

Mund stützt und die Zähne trägt

Kie|fer, die (die Kiefern): Nadelbaum

Ki|lo Ⓜ**,** das (die Kilos): Kurzform für ⇨ Kilogramm

Ki|lo|gramm 🌐**,** das (die Kilogramme): *Die Katze wiegt 3 Kilogramm.*

Ki|lo|me|ter 🌐**,** der (die Kilometer): *Sie mussten 2 Kilometer zu Fuß gehen.*

Kind ⇨ 4 **,** das (die Kinder): **1.** Sohn; Tochter: *Sie haben zwei Kinder.* **2.** *Kinder bis zu 12 Jahren zahlen den halben Eintritt.*

Kinn ☺ 5 **,** das (die Kinne): vorstehender Teil des Unterkiefers

Ki|no Ⓜ**,** das: **1.** (die Kinos): Raum, Gebäude, in dem Filme gezeigt werden. **2.** (ohne Mehrzahl): *Das Kino fängt um 17 Uhr an.*

kip|pen ☺: **1.** in eine schräge Stellung bringen: *das Fenster kippen.* **2.** umfallen

Kir|sche 3 **,** die (die Kirschen): Steinobst

Kis|sen ☺ 7 **,** das (die Kissen): weiche Unterlage aus Stoff, die oft mit Federn gefüllt ist

Kis|te, die (die Kisten): rechteckiger Behälter, meist mit Deckel

kl

kla|gen: jammern

Klam|mer ☺**,** die (die Klammern): **1.** *Haarklammer; Büroklammer.* **2.** Zeichen: (), [], {}: *etwas in Klammern setzen*

klang: ⇨ klingen

Klang, der (die Klänge): *der Klang der Glocken*

klopfen

klar: 1. vollkommen durchsichtig. 2. ungetrübt: *ein klarer Himmel.* 3. deutlich; eindeutig

Klas|se ⊙ 9 , die (die Klassen): 1. *Schulklasse.* 2. Klassenraum

Kla|vier Ⓜ, das (die Klaviere): *Luise spielt Klavier.*

kle|ben: 1. *Fotos ins Album kleben.* 2. *Viele Plakate kleben an der Wand.*

kleb|rig ⇒: *Die Bonbons sind sehr klebrig.*

kle|ckern ⊙: verschütten; beschmutzen

Klecks Ⓜ, der (die Kleckse): 1. Flecken. 2. *ein Klecks Marmelade*

Klee Ⓜ 2 , der (die Klees): *Sie hat ein vierblättriges Kleeblatt gefunden.*

Kleid ⇒ 6 , das: 1. (die Kleider): Kleidungsstück für Mädchen und Frauen. 2. (nur Mehrzahl; die Kleider): besonders die über der Wäsche getragene Bekleidung: *Meine Kleider sind noch im Koffer.*

klein: 1. von geringer Größe. 2. noch jung: *das kleine Kind*

klem|men ⊙: *Der Reißverschluss klemmt.*

klet|tern ⊙: *Er klettert gern auf Bäume.*

klin|geln: 1. *an der Tür klingeln.* 2. *Der Wecker klingelt.*

klin|gen (sie klingt, er klang, sie hat geklungen): 1. *die Glocken klingen.* 2. *Es klingt wie eine Trompete.*

klingt: ⇨ klingen

Klin|ke 7 , die (die Klinken): Türgriff

klop|fen: 1. *Den Nagel mit dem Hammer in die Wand*

klug

klopfen. **2.** *an die Wand klopfen; es hat geklopft.*

klug ⊙ (klüger, am klügsten): schlau; aufgeweckt

km

km: Abkürzung für ⇨ Kilometer

kn

kna|cken ⊙: **1.** *Trockene Zweige knacken, wenn man darauftritt.* **2.** *Nüsse knacken*

Knall ⊙, der (die Knalle): Krach; Schlag; Schuss

Kne̲|te 9 , die (ohne Mehrzahl): weiche Masse, mit der man Figuren formen kann

Kni̲ck ⊙, der (die Knicke): **1.** Abbiegung; Kurve: *Die Straße macht einen scharfen Knick.* **2.** Falte; Bruch; Eselsohr

kni̲|cken ⊙: falten; umbiegen: *Zweige knicken*

Kni̲e 5 , das (die Knie): Gelenk zwischen Ober- und Unterschenkel

kni|en: 1. auf den Knien sein. **2.** (sich): auf die Knie gehen

Kno̲|chen, der (die Knochen): einzelner Teil des Skeletts bei Menschen und Wirbeltieren

Kno̲pf 6 , der (die Knöpfe): **1.** Verschluss für Kleidung und Taschen: *Sie muss noch die Knöpfe ihrer Jacke zumachen.* **2.** *Er*

Kontinent

muss auf den Knopf drücken.

Kno|ten, der (die Knoten): *einen Knoten ins Taschentuch machen*

knur|ren ☺: *Mein Magen knurrt. Die Hunde knurren böse.*

ko

ko|chen: 1. warmes Essen, warme Getränke zubereiten. 2. stark erhitzen: *Das Nudelwasser kocht.*

Kof|fer ☺, der (die Koffer): *Bevor wir in Urlaub fah-*

ren, müssen wir noch die Koffer packen.

Koh|le Ⓜ, die (die Kohlen): Brennstoff; Heizmaterial

ko|misch: spaßig; lustig: *Der Clown war komisch.*

kom|men ☺ (sie kommt, er kam, sie ist gekommen): 1. eintreffen; sich auf ein Ziel hinbewegen: *Ich komme gleich.* 2. *Wir kommen zum Geburtstagsfest.* 3. an der Reihe sein: *Zuerst komme ich.*

kommt: ⇨ kommen

Kö|nig ➔ 10 , der (die Könige): Herrscher eines Landes: *der König von Spanien*

kön|nen ☺ (sie kann, er konnte, sie hat gekonnt): 1. *Er kann schwimmen.* 2. *Sie kann Englisch.*

konn|te: ⇨ können

Kon|ti|nent, der (die Kontinente): große zusammenhängende Landmasse

kontrollieren

kon|trol|lie|ren Ⓜ: nachprüfen; überwachen

Kopf [5], der (die Köpfe): 1. Körperteil, der auf dem Hals sitzt. 2. *Die Blumen lassen die Köpfe hängen.*

Ko|pie, die (die Kopien): Abschrift; Fotokopie

ko|pie|ren: eine Kopie machen

Korb →, der (die Körbe): Behälter, z. B. aus geflochtenen Weidenzweigen

Kor|ken, der (die Korken): Flaschenverschluss

Korn, das: 1. (ohne Mehrzahl): Getreide. 2. (die Körner): Saatkorn; Samen. 3. (die Körner): Teilchen in Form eines Samenkorns: *Hagelkörner*

Kör|per, der (die Körper): 1. äußere Erscheinung eines Menschen, eines Tieres. 2. von Flächen begrenzter Raumteil, z. B. Würfel, Kegel

kor|ri|gie|ren Ⓜ: verbessern; auf Fehler durchschauen

kos|ten: einen bestimmten Preis haben

Kos|tüm [6], das (die Kostüme): 1. aus Rock und Jacke bestehende Damenkleidung. 2. Verkleidung, z. B. für Schauspieler

kr

krab|beln ☺: 1. sich auf Händen und Knien fortbewegen. 2. *Käfer krabbeln überall herum.*

Krach, der: 1. (ohne Mehrzahl): Lärm. 2. (die Kräche): Streit

kräch|zen Ⓜ (du krächzt): heiser klingende Laute von sich geben: *Die Raben krächzen.*

Kraft, die (die Kräfte): körperliche Stärke

Kra|gen, der (die Kragen): am Halsausschnitt, z. B.

kriechen

von Hemden oder Jacken, befestigtes Stoffteil: *Mantelkragen*

krä|hen Ⓜ: *Hähne krähen*

Kral|le ☺ 5 , die (die Krallen): spitzer, gebogener Zehennagel bei Raubtieren und Greifvögeln

Kran, der (die Kräne): Maschine zum Heben und Versetzen von Lasten

krank (kränker, am kränksten): nicht gesund; eine Krankheit habend

Kran|ken|schwester ⚓ 10 , die (die Krankenschwestern): eine Frau, die nach einer Ausbildung Kranke versorgt

Krank|heit ⚓, die (die Krankheiten): Störung im Körper; Unwohlsein

krat|zen ☺ (du kratzt): **1.** *Die Katze hat ihn gekratzt.* **2.** jucken: *Der Pullover kratzt.* **3.** (sich): sich reiben

krau|len: 1. *die Katze kraulen.* **2.** in einem bestimmten Stil schwimmen

Krebs Ⓜ 1 , der (die Krebse): **1.** ein Krustentier. **2.** schwere Krankheit: *Krebs haben*

Kreis, der (die Kreise): eine runde, geschlossene Form

Krem, die (die Krems): ⇨ Creme

Kre|me, die (die Kremes): ⇨ Creme

Kreuz, das (die Kreuze): Zeichen, bei dem sich zwei Linien im rechten Winkel schneiden: *ein Kreuz machen*

krie|chen (sie kriecht, er kroch, sie ist gekrochen): *Schnecken kriechen langsam über den Weg.*

kriecht

kriecht: ⇨ kriechen
Krieg, der (die Kriege): Kampf, der mit Waffen ausgetragen wird
kroch: ⇨ kriechen
Kro|ko|dil 1 , das (die Krokodile): große Echse
Kro|ne, die (die Kronen): goldener Reif, den z. B. ein König trägt
Krö|te, die (die Kröten): dem Frosch ähnliches Tier
Krug, der (die Krüge): Gefäß mit Henkel, in das man Flüssigkeiten füllt: *Wasserkrug*

ku

Kü|che 7 , die (die Küchen): Raum, in dem gekocht wird
Ku|chen 3 , der (die Kuchen): *Apfelkuchen*
Ku|ckuck, der (die Kuckucke): Vogel
Ku|gel, die (die Kugeln):
1. runder Gegenstand.
2. Patrone; Geschoss: *Kanonenkugel*
Ku|gel|schrei|ber 9 , der (die Kugelschreiber): Schreibgerät
Kuh 1 , die (die Kühe):
1. weibliches Rind.
2. Muttertier, z. B. vom Hirsch
kühl: mehr kalt als warm: *Es weht ein kühler Wind.*
Kü|ken 1 , das (die Küken): Junges von Geflügel
Kur|ve, die (die Kurven): Biegung; Krümmung
kurz (kürzer, am kürzesten): 1. *ein kurzes Lineal.*
2. *Sie haben nur einen kurzen Besuch bei Tante Sofie gemacht.*

Ku|si|ne 4 , die (die Kusinen): ⇨ Cousine

Kuss ☺, der (die Küsse): liebevolle Berührung mit den Lippen

kw

kw

Du sprichst ein Wort am Anfang wie *kw* aus, kannst es aber unter *kw* nicht finden. Dann suche auch unter *qu*. Beispiele: *quälen; quer*

L

l: Abkürzung für ⇨ Liter

la

la|chen: *Sie lachten alle über seinen Witz.*
Lachs Ⓜ, der (die Lachse): Fisch
la|den (sie lädt, er lud, sie hat geladen): *Kisten in den Kofferraum laden*
La|den, der (die Läden): Geschäft
lädt: ⇨ laden
lag: ⇨ liegen
La|ger, das (die Lager): Wohn- oder Übernachtungsplatz: *Zeltlager*
lahm Ⓜ: **1.** gelähmt: *Der alte Mann hat ein lahmes Bein.* **2.** langsam; ohne Schwung
Laib Ⓜ, der (die Laibe): *ein Laib Brot; ein Laib Käse*
Lam|pe 7 , die (die Lampen): Gerät zur Erzeugung von Licht
Land ➔, das: **1.** (ohne Mehrzahl): Boden: *Ackerland.* **2.** (ohne Mehrzahl): nicht mit Wasser bedeckte Erdoberfläche: *Land in Sicht!* **3.** (die Länder): *Deutschland*
lan|den: 1. *Das Flugzeug ist gelandet.* **2.** *Sie hat das Flugzeug sicher gelandet.*
Land|kar|te 🌐 9 , die (die Landkarten): Karte, auf

lang

der Teile der Erdoberfläche dargestellt sind

lang (länger, am längsten): 1. ausgedehnt: *ein langer Weg.* 2. über eine längere Zeit: *Wir haben lange Sommerferien.*
lang|sam: mit geringer Geschwindigkeit
lang|wei|lig ⊖: uninteressant; ohne Abwechslung

Lärm Ⓜ, der (ohne Mehrzahl): Geräusche, die als unangenehm und störend empfunden werden

las: ⇨ lesen
las|sen ⊖ (du lässt, sie lässt, er ließ, sie hat gelassen): 1. bewirken, dass etwas geschieht: *Die Direktorin lässt ihn rufen.* 2. erlauben: *Sie ließen die Kinder toben.* 3. (sich): *Der Draht lässt sich leicht biegen.*
lässt: ⇨ lassen
La|ter|ne, die (die Laternen): Lampe mit Regen- und Windschutz

Lat|te ⊖, die (die Latten): schmales, längliches Stück Holz: *Lattenzaun*
Laub ⊖ 2 , das (ohne Mehrzahl): die Blätter von Sträuchern und Bäumen
lau|fen (sie läuft, er lief, sie hat/ist gelaufen): 1. sich

schnell vorwärtsbewegen.
2. *Schlittschuh laufen.*
3. *Ihr lief die Nase.*
4. *Im Kino läuft ein neuer Film.*

läuft: ⇨ laufen

laut: geräuschvoll; mit kräftigem Klang

läu|ten ⚢: **1.** *Die Glocken läuten.* **2.** klingeln: *Es hat geläutet.*

La|va Ⓜ ︱2︱, die (ohne Mehrzahl): Gestein, das bei Ausbruch eines Vulkans ausgestoßen wird

le

le|ben: 1. nicht tot sein. **2.** wohnen: *Er lebt in Berlin.*

le|cker: besonders gut schmeckend

Le|der, das (ohne Mehrzahl): Haut von Tieren, die haltbar gemacht wurde

leer Ⓜ: ohne Inhalt

le|gen: 1. *Leg das Buch ins Regal.* **2.** *Das Huhn legt ein Ei.* **3.** (sich): *Tom legt sich ins Bett.*

Leh|rer Ⓜ ︱9, 10︱, der (die Lehrer): jemand, der anderen etwas beibringt, der unterrichtet

Leib ⇨, der (die Leibe):
1. der ganze Körper.
2. Bauch

leicht: 1. *Eine Feder ist leicht.* **2.** einfach: *Der Test war leicht.*

lei|den (sie leidet, er litt, sie hat gelitten): **1.** Schmerzen aushalten; sich quälen **2.** *Ich kann ihn nicht leiden.*

lei|det: ⇨ leiden

lei|hen Ⓜ (sie leiht, er lieh, sie hat geliehen): **1.** *Felix leiht Lisa sein Fahrrad.*
2. *Fritz hat sich von Felix ein Buch geliehen.*

leiht: ⇨ leihen

Lei|ne, die (die Leinen): Seil; Schnur; Tau

Leine

lei|se: kaum hörbar
lei|ten: führen: *einen Chor leiten*
Lei|ter, der (die Leiter): Führer; Chef
Lei|ter, die (die Leitern): Gerät zum Auf- und Absteigen

len|ken: steuern: *ein Auto lenken*
Len|ker 8 , der (die Lenker): Lenkrad; Lenkstange
Lenk|rad, das (die Lenkräder): Vorrichtung zum Lenken
ler|nen: *schwimmen lernen; er lernt ein Gedicht auswendig*

le|sen (du liest, sie liest, er las, sie hat gelesen): entziffern: *ein Buch lesen*
leuch|ten: 1. Licht von sich geben; scheinen: *Der Stern leuchtet hell.* **2.** *Kannst du mir mit der Kerze leuchten?*
Leu|te, die (Mehrzahl): Gruppe von Menschen: *Was machen denn die Leute hier?*
Le|xi Ⓜ **:**

Le|xi|kon Ⓜ 9 , das (die Lexika, *auch* die Lexiken): nach dem Abc geordnetes Nachschlagewerk

li

Licht 8 , das: **1.** (ohne Mehrzahl): *Das Licht der Sonne blendet mich.* **2.** (die Lichter): Lampe; Leuchte

Lid ⓜ, das (die Lider): Augenlid

lieb ⇨: **1.** herzlich; freundlich: *Tine ist ein liebes Mädchen.* **2.** geliebt; geschätzt: *Liebe Oma!*

Lie|be, die (ohne Mehrzahl): starkes Gefühl der Zuneigung

lie|ben: **1.** eine große Zuneigung für jemanden, etwas empfinden. **2.** *Sie liebt Pudding.*

Lieb|ling ⊕, der (die Lieblinge): jemand, der von jemandem bevorzugt wird: *Er war Muttis Liebling.*

Lied ⇨, das (die Lieder): auf eine Melodie gesungenes Gedicht, gesungener Text

lief: ⇨ laufen

Lie|ge 7 , die (die Liegen): Möbelstück, auf das man sich legen kann

lie|gen (sie liegt, er lag, sie hat/ist gelegen): **1.** *Sie liegt auf dem Bett.* **2.** *Auf den Bergen liegt Schnee.* **3.** *Frankfurt liegt am Main.*

liegt: ⇨ liegen
lieh: ⇨ leihen
ließ: ⇨ lassen
liest: ⇨ lesen

Li|ne|al ⓜ 9 , das (die Lineale): Gerät zum Zeichnen gerader Linien

Li|nie ⓜ, die (die Linien): **1.** Strich. **2.** regelmäßige Verbindung bei Bussen oder Bahnen: *Der Bus der Linie 1 fährt zum Bahnhof.*

li|niert ⓜ: mit Linien: *liniertes Papier*

links: auf der linken Seite

Lip|pe ☺ 5 , die (die Lippen): Teil des Mundes

List, die (die Listen): Trick; Kniff

Liste

Lis|te, die (die Listen): Aufstellung; Verzeichnis

Li|ter Ⓜ, der (*auch* das Liter; die Liter): *1 Liter Milch*

litt: ⇨ leiden

lo

lo|ben: *Der Lehrer lobte die Klasse, weil sie so leise gewesen war.*

Loch, das (die Löcher): Öffnung; Vertiefung: *Theo hat ein Loch im Strumpf.*

Löf|fel ☺, der (die Löffel): Teil des Bestecks: *Suppenlöffel*

log: ⇨ lügen

Lohn Ⓜ, der: (die Löhne): Bezahlung für getane Arbeit

Lok Ⓜ, die (die Loks): Kurzform für ⇨ Lokomotive

Lok|füh|rer Ⓜ 10 , der (die Lokführer): jemand, der eine Lokomotive bedient und führt

Lo|ko|mo|ti|ve Ⓜ 8 , die (die Lokomotiven): Fahrzeug auf Schienen zum Ziehen von Eisenbahnwagen

los: 1. abgetrennt; nicht mehr fest: *Der Knopf ist los.* **2.** schnell!: *Los, beeil dich.*

Los, das: (die Lose): *Das Los mit der Nummer 2 gewinnt.*

lö|schen: machen, dass etwas zu brennen aufhört

lö|sen: 1. *einen Knoten lösen.* **2.** *ein Rätsel lösen.* **3.** *eine Fahrkarte lösen*

Lö|sung ☺, die (die Lösungen): Ergebnis des Nachdenkens; Ergebnis

Lot|se Ⓜ 10 , der (die Lotsen): jemand, der den Weg weist

mahlen

Lö|we 1 **, der: (die Löwen):** Raubkatze

lu

Lü|cke ☺, die (die Lücken): Stelle, an der etwas fehlt

lud: ⇨ laden

Luft, die (ohne Mehrzahl): das, was Menschen und Tiere zum Atmen und zum Leben brauchen

Luft|bal|lon ⊕, der (die Luftballons, *auch* die Luftballone):
einen Luftballon steigen lassen

Lü|ge, die: (die Lügen): Unwahres

lü|gen (sie lügt, er log, sie hat gelogen): bewusst nicht die Wahrheit sagen

lügt: ⇨ lügen

Lu|pe 9 **, die (die Lupen):** Vergrößerungsglas

Lust, die (ohne Mehrzahl): Begeisterung; Spaß

lus|tig ⊕: fröhlich; spaßig; zum Lachen

M

m: Abkürzung für ⇨ Meter

ma

ma|chen: 1. *Hausaufgaben machen.* **2.** *Was machst du gerade?*

Mäd|chen Ⓜ, das (die Mädchen): weibliches Kind

mag: ⇨ mögen

Ma|gen, der (die Mägen, *auch* die Magen): Verdauungsorgan

Mag|net Ⓜ, der (die Magnete, *auch* die Magneten): Eisen- oder Stahlstück, das z. B. Eisen anzieht

mä|hen Ⓜ: Gras oder Getreide abschneiden

mah|len Ⓜ: fein zerkleinern, zerreiben: *Getreide wird zu Mehl gemahlen.*

Mähne

Mäh|ne ⓜ ⑤, die (die Mähnen): *Löwenmähne*

Mai ⓜ, der: fünfter Monat im Jahr

Mais ⓜ ③, der (die Maise): Getreide(pflanze)

Ma|jo|nä|se, die (die Majonäsen): ⇨ Mayonnaise

mal: 1. *3 mal 2 ist 6.* 2. Kurzform für einmal: *Wir können uns mal wieder treffen.*

Mal, das (die Male): 1. *Muttermal.* 2. *dieses Mal; das nächste Mal*

ma|len: *Peter malt mit Wasserfarben ein Haus.*

Ma|ler ⑩, der (die Maler): 1. Künstler, der Bilder malt. 2. Handwerker, der z. B. Wände streicht

Ma|ma ⓜ, die (die Mamas): Mutter

man: *Auf ihn kann man sich verlassen.*

man|che: einige; ein paar; mehrere unter anderen: *Manche Menschen singen gern.*

manch|mal ⊕: ab und zu; öfter, aber nicht regelmäßig

Man|del, die (die Mandeln): 1. Frucht des Mandelbaums. 2. *Mandelentzündung*

Mann ☻, der (die Männer): 1. erwachsene männliche Person. 2. Ehemann

männ|lich ⊕: 1. *eine tiefe männliche Stimme.* 2. *der männliche Artikel „der"*

Mann|schaft ⊕, die (die Mannschaften): *Fußballmannschaft*

Man|tel ⑥, der (die Mäntel): 1. Kleidungsstück. 2. *ein Reifen mit Schlauch und Mantel*

Maske

Map|pe ☺ 9, die (die Mappen): **1.** Tasche. **2.** Hefter; Ordner

Mär|chen Ⓜ, das (die Märchen): Geschichte, die häufig von wunderbaren Dingen und Gestalten erzählt

Mar|ga|ri|ne Ⓜ, die (ohne Mehrzahl): pflanzlicher Brotaufstrich

Mar|ke, die (die Marken): **1.** *Von welcher Marke sind deine Schuhe?* **2.** Wertzeichen; Münze: *Hundemarke*

mar|kie|ren: kennzeichnen; hervorheben

Markt, der (die Märkte): **1.** Marktplatz. **2.** Kauf und Verkauf von Waren: *Heute ist Markt!*

Mar|me|la|de 3, die (die Marmeladen): süßer Brotaufstrich

mar|schie|ren: 1. schnell und mit großen Schritten gehen. **2.** im Gleichschritt gehen: *Soldaten marschieren*

März Ⓜ, der: dritter Monat im Jahr

Ma|sche, die (die Maschen): Schlaufe, die z. B. beim Stricken oder Häkeln entsteht

Ma|schi|ne Ⓜ, die (die Maschinen): **1.** Vorrichtung, die etwas selbsttätig ausführt. **2.** Kurzform, z. B. für Flugzeug: *Die Maschine startet gleich.*

Mas|ke, die (die Masken): etwas, das man vor dem Gesicht trägt, um nicht erkannt zu werden

maß

maṣ: ⇨ messen
Maß, das (die Maße): **1.** Metermaß. **2.** Abmessung; Größe: *die Maße des Zimmers*
Maṣt 8 , der (die Maste, *auch* die Masten): hohe Stange: *Leitungsmast*
Ma|traṭ|ze ☺ 7 , die (die Matratzen): **1.** weiche, dicke Unterlage, die meist in Betten liegt. **2.** *Luftmatratze*
Ma|tro|se 8, 10 , der (die Matrosen): Seemann
Maṭsch, der (ohne Mehrzahl): feuchter Schmutz; Schlamm: *Schneematsch*
Maṭ|te ☺, die (die Matten): weiche Unterlage: *Turnmatte*
Mau|er 7 , die (die Mauern): Wand aus Steinen
Maul 5 , das (die Mäuler): Mundöffnung bei Tieren: *Fischmaul*
Maus 1 , die (die Mäuse): **1.** Nagetier. **2.** kleines Gerät zum Bedienen des Computers: *mit der Maus anklicken*
Ma|yon|nai|se Ⓜ 3 , die (die Mayonnaisen; *auch* die Majonäse, die Majonäsen): kalte, dickflüssige Soße aus Eigelb und Öl

me

meˌ|ckern ☺: **1.** *Die Ziege meckert.* **2.** sich beklagen; murren: *Jakob hat immer etwas zu meckern.*
Me|di|zin Ⓜ, die: **1.** (ohne Mehrzahl): Wissenschaft von Krankheiten und ihrer möglichen Heilung: *Medizin studieren.* **2.** (die Medizinen): Arznei: *eine bittere Medizin*
Meer Ⓜ, das (die Meere): große zusammenhängende Wassermasse
Meer|schwein|chen 🌐, das (die Meerschweinchen): Nagetier

Mehl Ⓜ, das (die Mehle): meist sehr fein gemahlene Getreidekörner

mehr: ⇨ viel

mei|nen: denken; glauben; vermuten

mein, mei|ne, mei|ner: *mein Pullover; meine Freunde*

Mei|nung 🌐, die (die Meinungen): das, was jemand meint

meis|ten (am): ⇨ viel

meis|tens: fast immer

Meis|ter, der (die Meister): Handwerker, der andere ausbilden darf

mel|den: *einen Unfall bei der Polizei melden*

Me|lo|die, die (die Melodien): *Das Lied hat eine einfache Melodie.*

Men|ge, die (die Mengen): Anzahl; Fülle: *Theo hat eine Menge Nüsse gesammelt.*

Mensch, der (die Menschen): Lebewesen

mer|ken: 1. *Sie hat sofort gemerkt, dass etwas nicht stimmte.* **2.** (sich): im Gedächtnis behalten: *Ich kann mir den Text nicht merken.*

mes|sen ☺ (du misst, sie misst, er maß, sie hat gemessen): eine Größe (Länge, Gewicht, Zeit) ermitteln

Mes|ser ☺, das (die Messer): Schneidewerkzeug; Teil des Bestecks

Me|tall ☺, das (die Metalle): *Gold und Silber sind Metalle.*

Me|ter, der (*auch* das Meter; die Meter): *Der Turm ist 10 Meter hoch.*

mi

mi|au|en: *Katzen miauen*

mich: *Ich sehe mich im Spiegel.*

Mie|te, die (die Mieten): *die Miete für die Wohnung bezahlen*

mie|ten: man darf etwas benutzen (z. B. Auto), muss dafür aber Geld bezahlen

Mi|kro|fon Ⓜ ⑨ , das (die Mikrofone; *auch* das Mikrophon, die Mikrophone): Gerät, durch das Töne lauter wiedergegeben werden

Mi|kro|phon, das (die Mikrophone): ⇨ Mikrofon

Mi|kro|skop Ⓜ ⑨ , das (die Mikroskope): Gerät zur Vergrößerung sehr kleiner Dinge

Milch ③ , die (ohne Mehrzahl): z. B. von Kühen stammende Flüssigkeit: *ein Glas Milch trinken*

mild ⊖: ⇨ milde

mil|de: gemäßigt; gedämpft; angenehm; schwach: *mildes Licht; milde Temperaturen*

Mil|li|li|ter Ⓜ, der (die Milliliter): ein tausendstel Liter

Mil|li|on Ⓜ, die (die Millionen): Zahl: 1 000 000

min|des|tens: mehr als; wenigstens

Mi|ne|ral Ⓜ, das (die Mineralien): Stoff aus der Erdkruste

Mi|nu|te Ⓜ, die (die Minuten): Zeitspanne von 60 Sekunden

mir Ⓜ: *Das Buch gehört mir.*

mi|schen: durcheinandermengen

misst: ⇨ messen

Mist, der (ohne Mehrzahl): Streu, die mit Ausscheidungen von Stalltieren vermischt ist und als Düngemittel genutzt wird

mit: 1. *Ich gehe mit Daniel zum Schwimmen.* **2.** *Den Nagel mit einem Hammer in die Wand schlagen.* **3.** *ein Glas mit Milch*

Möglichkeit

mit|ei|nan|der ☺: zusammen: *Die Freunde gingen miteinander nach Hause.*

Mit|glied ☺, das (die Mitglieder): jemand, der einer Gemeinschaft angehört: *Er war Mitglied in drei Vereinen.*

Mit|leid ☺, das (ohne Mehrzahl): starke Anteilnahme an der Not anderer: *Mitleid empfinden*

Mit|tag ☺, der (die Mittage): Zeit um 12 Uhr herum

mit|tags ☺: regelmäßig, immer am Mittag

Mit|te ☺, die (die Mitten): Punkt oder Teil von etwas, der von allen Enden und Begrenzungen gleich weit entfernt ist: *in der Mitte der Straße*

Mit|ter|nacht ☺, die: zwölf Uhr nachts

Mitt|woch Ⓜ, der (die Mittwoche): Wochentag

Mi|xer Ⓜ, der (die Mixer): elektrisches Gerät zum Zerkleinern und Vermischen

ml

ml: Abkürzung für ⇨ Milliliter

mo

Mö|bel, das (meist Mehrzahl: die Möbel): Einrichtungsgegenstand, z. B. Tisch, Schrank: *Sie haben neue Möbel für das Kinderzimmer gekauft.*

moch|te: ⇨ mögen

mö|gen (du magst, sie mag, er mochte, sie hat gemocht): **1.** *Früher habe ich keinen Spinat gemocht.* **2.** *Ich möchte, dass du aufpasst!*

mög|lich Ⓜ: denkbar; machbar

Mög|lich|keit ☺, die (die Möglichkeiten): **1.** Gelegenheit. **2.** *Es gibt nur eine Möglichkeit, die Aufgabe zu lösen.*

Mohn

Mohn ⓜ, der (die Mohne):
1. Pflanze: *Klatschmohn*.
2. Samen des Mohns: *Mohnbrötchen*

Möh|re ⓜ 3 , die (die Möhren): Pflanze mit roter bis gelber Wurzel, die als Gemüse verwendet wird; Karotte; Gelbe Rübe

Mohr|rübe ⓜ, die (die Mohrrüben): ⇨ Möhre

Mo|ment, der (die Momente): 1. Augenblick: *Es dauert nur noch einen Moment.* 2. Zeitpunkt: *Im Moment bin ich sehr beschäftigt.*

Mo|nat, der (die Monate): Zeitraum von meist 30 oder 31 Tagen: *der Monat März*

Mond ⇨ 2 , der (ohne Mehrzahl): Himmelskörper, der die Erde umkreist

Mo|ni|tor ⓜ, der (die Monitore): Bildschirm

Mon|tag ⇨, der (die Montage): Wochentag

Moor ⓜ 2 , das (die Moore): sumpfähnliches Gelände mit einem Boden aus unvollständig zersetzten Pflanzen

Moos ⓜ 2 , das (die Moose): Polster aus kleinen, immergrünen Pflanzen

mor|gen: an dem Tag, der dem heutigen Tag unmittelbar folgt: *morgen Mittag; morgen ist schulfrei.*

Mor|gen, der (die Morgen): Beginn des Tages: *Heute*

Morgen sind wir früh aufgestanden.

mor|gens: regelmäßig, immer am Morgen

Mo|tor ⓜ 8 , der (die Motoren): Maschine, die etwas in Bewegung setzt: *Unser altes Auto braucht einen neuen Motor.*

Moun|tain|bike ⓜ 8 , das (die Mountainbikes; *auch* das Mountain-Bike, die Mountain-Bikes): Fahrrad, mit dem man in unebenem Gelände fahren kann

Mö|we 1 , die (die Möwen): Vogel, der auch am Meer lebt

mu

Mü|cke ☺, die (die Mücken): fliegendes Insekt

mü|de: *Das Kind war so müde, dass es einschlief.*

Mü|he, die (die Mühen): Anstrengung; Bemühung: *Sie hat sich viel Mühe gegeben.*

Müh|le ⓜ, die: **1.** (die Mühlen): *Pfeffermühle.* **2.** (die Mühlen): Haus mit einer Anlage, die z. B. Getreide mahlt. **3.** (ohne Mehrzahl): Brettspiel: *Mühle spielen*

Müll ⓜ, der (ohne Mehrzahl): fester Abfall, der gesammelt wird

Mül|ler ☺ 10 , der (die Müller): Handwerker, der in einer Mühle aus Getreide Mehl herstellt

Mund ⊕, der (die Münder): *Mit vollem Mund spricht man nicht.*

münd|lich: gesprochen

Mün|ze, die (die Münzen): Geldstück

Mu|schel, die (die Muscheln): im Wasser lebendes Weichtier, das von einer Schale geschützt wird

Musik

Mu|sik, die: **1.** (die Musiken): *Musik hören.* **2.** (ohne Mehrzahl): *Sie steht auf Popmusik.*
muss: ⇨ müssen
müs|sen ☺ (du musst, sie muss, er musste, sie hat gemusst): **1.** *Wir müssen um 8 Uhr in der Schule sein.* **2.** *So muss der Unfall passiert sein.*
muss|te: ⇨ müssen
Mut, der (ohne Mehrzahl): Furchtlosigkeit; Tapferkeit
Mut|ter ☺ 4 , die (die Mütter): Frau, die mindestens ein Kind geboren hat
Müt|ze ☺ 6 , die (die Mützen): Kopfbedeckung

N

na

Na|bel 5 **,** der (die Nabel): kleine runde Vertiefung in der Mitte des Bauches

nach: 1. *Wir müssen jetzt nach Hause gehen.* **2.** *Nach der Schule gehe ich spielen.* **3.** *Du kommst gleich nach Maximilian dran.*

nach-

Der Wortbaustein *nach-* kommt in vielen Wörtern vor, z. B. in *nachdenken, Nachname, nachmittags.*

Nach|bar, der (die Nachbarn): **1.** jemand, der nebenan wohnt, in der Wohnung, im Haus, das neben dem eigenen steht. **2.** jemand, der neben einem sitzt, liegt oder steht
nach|dem: *Nachdem wir gegessen hatten, spülten wir das Geschirr.*
nach|den|ken ☻ (sie denkt nach, er dachte nach, sie hat nachgedacht): sich mit einem Gedanken

gründlich beschäftigen; sehr gut überlegen

nach|ge|ben ⊕ (sie gibt nach, er gab nach, sie hat nachgegeben): **1.** zurückstecken: *Es gab Streit. Susanne gab schließlich nach.* **2.** *Die Turnmatte gibt nach.*

nach|ge|dacht: ⇨ nachdenken

Nach|mit|tag ⊕, der (die Nachmittage): Zeit vom Mittag bis zum Beginn des Abends

nach|mit|tags ⊕: regelmäßig, immer am Nachmittag

Nach|na|me ⊕, der (die Nachnamen): *Peter heißt mit Nachnamen Meier.*

Nach|richt, die (die Nachrichten): **1.** Mitteilung: *Das sind aber gute Nachrichten.* **2.** (nur Mehrzahl: die Nachrichten): *Wir schauen noch die Abendnachrichten an.*

nach|schla|gen ⊕ (sie schlägt nach, er schlug nach, sie hat nachgeschlagen): *Kirsten schlug im Wörterbuch nach.*

nächs|ten (am): ⇨ nahe

nächs|te, nächs|ter, nächs|tes Ⓜ: **1.** *Wir singen die nächste Strophe des Liedes.* **2.** *Nächste Woche sind Schulferien.*

Nacht, die (die Nächte): Zeitraum von Sonnenuntergang bis Sonnenaufgang

nachts: regelmäßig, immer in der Nacht

nackt Ⓜ: ganz ohne Kleider

Na|del 2 , die (die Nadeln): **1.** *Nähnadel.* **2.** *Tannennadel*

Na|gel 5 , der (die Nägel): **1.** *Sie hat einen Nagel in die Wand geschlagen.* **2.** *Fingernagel; Zehennagel*

nah: ⇨ nahe

nahe

na|he Ⓜ (näher, am nächsten): **1.** nicht weit entfernt. **2.** bald

Nä|he 🌍, die (ohne Mehrzahl): geringe räumliche oder zeitliche Entfernung: *Die Schule ist ganz in der Nähe.*

nä|hen Ⓜ: *Sie nähen ein Kleid mit der Hand.*

nä|her: ⇨ nahe
nahm: ⇨ nehmen
Nah|rung Ⓜ, die (die Nahrungen): Essen und Trinken
Na|me, der (die Namen): *Mein Name ist Tilo.*
nann|te: ⇨ nennen
Napf, der (die Näpfe): *Er stellt dem Hund einen Napf mit Futter hin.*

Na|se 5 , die (die Nasen): Geruchsorgan: *Ich muss mir die Nase putzen.*

nass ☺ (nasser, am nassesten; *auch* nässer, am nässesten): *Du musst deine nassen Haare noch trocken reiben.*

Na|tur, die: (ohne Mehrzahl): Umwelt: *Er beobachtet Tiere in der freien Natur.*

na|tür|lich 🌐: **1.** *Wir benutzen natürliche Rohstoffe.* **2.** *Natürlich kommen wir morgen bei dir vorbei.*

ne

Ne|bel, der (die Nebel): dichter weißer Dunst: *Es herrscht oft Nebel im November.*

ne|ben: unmittelbar an der Seite von; dicht bei: *Sie sitzt neben ihrer Freundin.*

ne|ben|ei|nan|der 😊: eine, einer, eines neben dem anderen, der anderen: *Die Kinder stellen sich nebeneinander hin.*

Nef|fe 😊 4, der (die Neffen): Sohn von Schwester oder Bruder

neh|men Ⓜ (sie nimmt, er nahm, sie hat genommen): **1.** mit der Hand ergreifen: *Lisa hat den Stift genommen.* **2.** *den Bus nehmen.* **3.** *Hustensaft nehmen*

nei|disch 😊: eifersüchtig: *Lara ist neidisch, weil Tina ein neues Fahrrad hat.*

nein: *Bekomme ich ein Eis? – Nein!*

nen|nen 😊 (sie nennt, er nannte, sie hat genannt): **1.** *Die Eltern nannten ihr Baby Karla.* **2.** *Tom nannte dem Lehrer seinen Namen.* **3.** *Könnt ihr noch Beispiele nennen?*

nennt: ➪ nennen

ner|vös Ⓜ: unruhig; zappelig

Nest 2, das (die Nester): *Die Vögel bauen im Frühling ihre Nester.*

nett 😊: freundlich; angenehm

Netz 😊, das (die Netze): **1.** *Fische mit dem Netz fangen.* **2.** *Spinnennetz*

neu: 1. *ein neuer Pullover.* **2.** *die neuesten Nachrichten*

neu|gie|rig 😊: von Neugier erfüllt: *Neugierig öffneten sie das Päckchen.*

neun: *Ich muss um neun Uhr ins Bett.*

Neun, die (die Neunen): Ziffer; Zahl: 9

ni

nicht: *Diese Pilze darf man nicht essen, sie sind giftig.*

Nichte

Nich|te 4 , die (die Nichten): Tochter von Bruder oder Schwester

nichts: 1. *Dazu kann ich nichts sagen.* **2.** *Gibt es nichts zum Nachtisch?*

ni|cken: den Kopf kurz senken und wieder heben

nie: überhaupt nicht: *Das habe ich nie gesagt.*

nie|drig: *ein niedriger Tisch; das Flugzeug fliegt niedrig.*

nie|mals: nie; zu keiner Zeit

nie|mand: *Niemand weiß, wo er steckt.*

nie|sen: *Er hat Schnupfen und muss oft niesen.*

Ni|ko|laus, der (die Nikolause): **1.** *Der Nikolaus bringt uns Geschenke.* **2.** *Am 6. Dezember ist Nikolaus.* **3.** Nikolausfigur aus Schokolade

Nil|pferd 1 , das (die Nilpferde): *Auf der Safari beobachteten sie Nilpferde.*

nimmt: ⇨ nehmen

nir|gends: an keinem Ort: *Nirgends hat man seine Ruhe!*

no

noch: 1. *Sie ist noch krank.* **2.** *Eva hat nur noch 2 Euro.* **3.** *Es ist heute noch kälter als gestern.*

Nor|den, der (ohne Mehrzahl): **1.** Himmelsrichtung. **2.** Landesteil oder Länder, die im Norden liegen: *im Norden Deutschlands*

nörd|lich: **1.** im Norden liegend: *im nördlichen Teil der Stadt.* **2.** nach Norden gerichtet: *Das Schiff steuert einen nördlichen Kurs.*

nor|mal: der Regel entsprechend: *Das ist normal.*
Not, die: (ohne Mehrzahl): Armut; Elend
No|te 9 **,** die (die Noten): **1.** Musiknoten: *nach Noten spielen.* **2.** Schulnote: *Er hat die Note „gut".*
no|tie|ren: aufschreiben
nö|tig ⊝: unerlässlich; erforderlich
No|tiz Ⓜ**,** die (die Notizen): etwas kurz Aufgeschriebenes, damit man es nicht vergisst
not|wen|dig ⊝: unbedingt erforderlich; nicht zu vermeiden
No|vem|ber Ⓜ**,** der: elfter Monat im Jahr

nu

Nu|del 3 **,** die (die Nudeln): *Sie mag Nudeln mit Tomatensoße.*
null ☺: *null Fehler im Diktat*
Null ☺**,** die (die Nullen): Ziffer; Zahl: 0
Num|mer ☺**,** die (die Nummern): Zahl, mit der etwas gekennzeichnet wird: *Er wohnt in Haus Nummer 4.*
nun: jetzt; im Moment
nur: *Ich brauche nur noch fünf Minuten.*
Nuss ☺**,** die (die Nüsse): *Nüsse knacken; Erdnüsse*
nut|zen ☺ (du nutzt): **1.** *Die Arznei hat überhaupt nicht genutzt.* **2.** *Sie nutzt jede freie Minute für das Training.*
nüt|zen: ⇨ nutzen

O

ob

ob Ⓜ**: 1.** *Peter fragt, ob ich morgen wieder in die Schule gehe.* **2.** *Alle gehen zur Schulaufführung, ob sie Lust haben oder nicht.*

oben

oben: 1. vom Sprecher aus höher gelegen: *Das Buch steht ganz oben im Regal.* **2.** am oberen Ende: *Lara bindet die Tüte oben zu.* **3.** *Die weiße Seite des Blattes muss oben liegen.*

Obst Ⓜ, das (ohne Mehrzahl): essbare Früchte und Samen von Pflanzen: *Obst ist gesund.*

ob|wohl Ⓜ: *Wir gehen spazieren, obwohl es regnet.*

od

oder: *Möchtest du lieber Apfelkuchen oder Streuselkuchen?*

of

Ofen 7 , der (die Öfen): Vorrichtung, mit der man heizen kann, warm machen kann, z. B. durch Anzünden von Holz oder Kohle: *den Ofen anmachen*

of|fen ☺: **1.** nicht geschlossen; so beschaffen, dass man/etwas immer hinein- und/oder herauskommen kann: *Die Tür steht offen.* **2.** noch nicht entschieden: *Der Ausgang des Fußballspiels ist noch offen.*

öff|nen ⚦: **1.** aufmachen: *Sie öffnet die Tür.* **2.** (sich): aufgehen: *Die Blüte hatte sich über Nacht geöffnet.*

oft: häufig; vielfach: *Leo war schon oft mit seinen Eltern im Zoo.*

oh

oh|ne Ⓜ: **1.** *Das hast du aber ohne Mühe geschafft.* **2.** *ein Kleid ohne Ärmel*

ordnen

Ohr ⓜ 5 , das (die Ohren): Organ zum Hören: *ins Ohr flüstern*

Ohr|ring 🌐 6 , der (die Ohrringe): Schmuckstück, das am Ohr getragen wird

ok
Ok|to|ber, der: zehnter Monat im Jahr

ol
Öl, das (die Öle): **1.** *Speiseöl; Salatöl.* **2.** *Heizöl; Schmieröl*

ölen: *die Fahrradkette ölen*

om
Oma 4 , die (die Omas): Großmutter

Om|ni|bus ⓜ 8 , der (die Omnibusse): sehr großes Auto (Kraftwagen) mit vielen Plätzen für Fahrgäste: *Sie fahren mit einem Omnibus der Linie 5.*

on
On|kel 4 , der (die Onkel): Bruder von Mutter oder Vater

op
Opa 4 , der (die Opas): Großvater

or
Oran|ge ⓜ 3 , die (die Orangen): Apfelsine; Zitrusfrucht

or|dent|lich: 1. auf Ordnung haltend: *Willy war ein ordentlicher Schüler.* **2.** aufgeräumt; geordnet: *Lilly heftet ihre Arbeitsblätter ordentlich ein.*

ord|nen ⓜ: in eine bestimmte Reihenfolge, in einen

Ordnung

bestimmten Zusammenhang bringen: *Du musst endlich deine Arbeitsblätter ordnen.*

Ord|nung Ⓜ, die (die Ordnungen): geregelter und übersichtlicher Zustand: *Lisa hat endlich Ordnung gemacht. Jetzt findet sie ihre Sachen wieder.*

or|ga|ni|sie|ren: planmäßig und sorgfältig etwas aufbauen, vorbereiten: *eine Lesenacht organisieren*

Ort, der (die Orte): **1.** Platz; Stelle: *an seinen Ort zurückstellen.* **2.** Ortschaft; Dorf; Stadt: *Bis zum nächsten Ort sind es noch 2 Kilometer.*

os

Os|ten, der (ohne Mehrzahl): **1.** Himmelsrichtung. **2.** Landesteil oder Länder, die im Osten liegen: *im Osten Englands*

Os|tern, das (die Ostern): Fest der christlichen Kirche

Ös|ter|reich Ⓜ: Land in Europa

ös|ter|rei|chisch Ⓜ: alles, was sich auf Österreich bezieht oder von dort kommt: *österreichische Berge*

öst|lich 🌐: **1.** im Osten liegend: *Das Museum steht im östlichen Teil der Stadt.* **2.** nach Osten gerichtet: *Wir müssen in östlicher Richtung weiterlaufen.*

P

pa

paar Ⓜ: einige; nur wenige: *Warte noch ein paar Minuten.*

Paar Ⓜ, das (die Paare): **1.** zwei zusammengehörende Personen: *Für das Spiel müsst ihr Paare bilden.* **2.** *Ich habe ein Paar neue Schuhe.*

Päck|chen, das (die Päckchen): **1.** *Ich packe kleine Päckchen zu Weihnachten ein.* **2.** kleinere Postsendung: *Er musste das Päckchen noch zur Post bringen.*

pa|cken: 1. *Sie muss noch ihre Schultasche packen.* **2.** *Er packt ihn fest an der Hand.*

Pa|ckung, die (die Packungen): *Sie kauft eine Packung Kekse.*

Pad|del, das (die Paddel): Stange mit einer Verbreiterung an einem oder an beiden Enden, mit der ein Boot fortbewegt werden kann

pad|deln: mit dem Paddel ein Boot fortbewegen

Pa|ket, das (die Pakete): **1.** etwas mit Papier Verpacktes und Verschnürtes: *ein Paket mit Büchern.* **2.** *ein Paket Waschpulver.* **3.** größere Postsendung

Pal|me, die (die Palmen): Baum mit langem, schlankem Stamm und oft riesigen Blättern

Pan|ne, die (die Pannen): Schaden; Störung; Missgeschick: *Wir hatten mit dem Auto eine Panne.*

Pan|tof|fel, der (die Pantoffeln): Hausschuh

Papa

Pa|pa, der (die Papas): Vater

Pa|pa|gei, der (die Papageien): Vogel

Pa|pier, das (die Papiere): *ein Blatt Papier; Einpackpapier; Toilettenpapier*

Pap|pe ☺, die (die Pappen): sehr festes Verpackungsmaterial; Karton

Pap|ri|ka ③ **,** der: **1.** (die Paprikas): Gewürz- und Gemüsepflanze. **2.** (ohne Mehrzahl): Gewürz

Park, der (die Parks): großer Garten, oft mit Bäumen

par|ken: ein Fahrzeug für längere Zeit abstellen: *Hier darf ich parken.*

Part|ner, der (die Partner): jemand, mit dem ich zusammen lebe, arbeite oder spiele: *Partnerarbeit*

Pass ☺, der (die Pässe): **1.** Ausweis: *Reisepass.* **2.** das Zuspielen: *einen steilen Pass spielen*

pas|sen ☺: **1.** *Die Hose passt nicht. Sie ist zu eng.* **2.** *15 Uhr? Der Termin passt gut.*

Pa|tro|ne ⑨ **,** die (die Patronen): **1.** *Tintenpatrone.* **2.** *Druckerpatrone*

Pau|se, die (die Pausen): *Es hat geklingelt. Pause!*

pc

PC, der (die PCs): Abkürzung für ⇨ Personal Computer

pe

Pech, das: (ohne Mehrzahl): Verkettung unglücklicher Umstände: *Pech gehabt!*

Pe|dal ⑧ **,** das (die Pedale): Fußhebel; Tretkurbel: *Bremspedal*

Pe|li|kan ① **,** der (die Pelikane): großer Wasservogel

Pelz, der (die Pelze): **1.** dicht behaartes Fell be-

Pfirsich

stimmter Tiere. **2.** *Pelzmütze; Pelzmantel*

Per|son, die (die Personen): Mensch: *Im Auto sitzen fünf Personen.*

Per|so|nal Com|pu|ter Ⓜ, der (die Personal Computer): kleinerer Computer

Pe|rü|cke ☺ 6 , die (die Perücken): Haarersatz; Kappe aus unechtem oder nicht eigenem Haar: *Er trägt eine Perücke.*

pet|zen ☺ (du petzt): verraten

pf

Pfan|ne ☺, die (die Pfannen): großes Gefäß zum Braten

Pfann|ku|chen ☺, der (die Pfannkuchen): Mehlspeise: *Till hat 10 Pfannkuchen gegessen.*

Pfar|rer ☺ 10 , der (die Pfarrer): jemand, der in einer kirchlichen Gemeinde Seelsorger ist: *Der Pfarrer gab Religionsunterricht.*

Pfef|fer ☺, der (die Pfeffer): scharfes Gewürz

Pfef|fer|min|ze ☺, die (ohne Mehrzahl): Heilpflanze

Pfei|fe, die (die Pfeifen): **1.** *Trillerpfeife.* **2.** *Tabakspfeife*

pfei|fen (sie pfeift, er pfiff, sie hat gepfiffen): *Sarah kann sogar auf den Fingern pfeifen.*

pfeift: ⇨ pfeifen

Pfeil, der (die Pfeile): **1.** *Die Indianer schossen ihre Pfeile ab.* **2.** Zeichen: ⇨

Pferd ⇨ 1 , das (die Pferde): *Thea reitet mit ihrem Pferd aus.*

pfiff: ⇨ pfeifen

Pfir|sich, der (die Pfirsiche): Steinobst

Pflanze

Pflan|ze, die (die Pflanzen): *Sie gießt die Pflanzen im Garten.*

pflan|zen: *Sie haben viele bunte Blumen im Garten gepflanzt.*

Pflas|ter, das (die Pflaster): 1. *Er bekam ein Pflaster auf seine Platzwunde.* 2. Straßenbelag: *Kopfsteinpflaster*

Pflau|me, die (die Pflaumen): Steinobst

pfle|gen: betreuen; sich kümmern um: *Er pflegt seine kranke Schwester.*

Pfle|ger ⊕ 10 , der (die Pfleger): ein Mann, der nach einer Ausbildung z. B. Kranke oder Tiere versorgt: *Krankenpfleger*

Pflicht, die (die Pflichten): notwendige Aufgabe

pflü|cken ☺: *Blumen pflücken; Äpfel pflücken*

Pfos|ten, der (die Pfosten): Stütze; Träger: *Türpfosten; Torpfosten*

Pfo|te 5 , die (die Pfoten): *Der Hund legt mir seine Pfote aufs Knie.*

Pfüt|ze ☺, die (die Pfützen): kleine Ansammlung von Wasser: *Lachend sprangen sie in die Pfützen.*

ph

Phan|ta|sie, die (die Phantasien): ⇨ Fantasie

pi

pi|cken ☺: *Die Hühner pickten nach den Körnern. Der Vogel pickte mich in den Finger.*

Pil|le ☺, die (die Pillen): Medikament in Form eines Kügelchens zum Einnehmen: *Pillen schlucken*

planschen

Pi|lot 8, 10 , der (die Piloten): jemand, der ein Flugzeug steuert

Pilz 2 , der (die Pilze): Pflanze, meist mit Stiel und Hut: *Wir sammeln Pilze.*

Pin|gu|in 1 , der (die Pinguine): aufrecht gehender Seevogel, der nicht fliegen kann: *Am Südpol leben Pinguine.*

Pinn|wand ⊕ 9 , die (die Pinnwände): *Notizzettel an die Pinnwand heften*

Pin|sel 9 , der (die Pinsel): Werkzeug zum Auftragen von Tusche oder Farbe: *den Pinsel in die Farbe tauchen*

Pi|rat 10 , der (die Piraten): Seeräuber

Pis|te, die (die Pisten): **1.** Strecke für Skiabfahrten. **2.** Rennstrecke. **3.** Rollbahn für Flugzeuge: *Landepiste*

Piz|za Ⓜ 3 , die (die Pizzas, *auch* die Pizzen): *Pizza backen*

pl

Pla|kat 9 , das (die Plakate): Aushang: *Sie malen Plakate für den Weihnachtsbasar.*

Plan, der (die Pläne): **1.** Entwurf: *Bauplan für ein Haus.* **2.** *Wir haben noch keine Pläne für die Ferien.*

pla|nen: 1. einen Plan machen: *Wir planen ein Schulfest. Wir planen ein Baumhaus.* **2.** etwas vorhaben; sich vornehmen

Pla|net, der (die Planeten): *Die Erde ist ein Planet.*

plan|schen (*auch* plantschen): Wasser mit Ar-

plantschen

men und Beinen in Bewegung bringen; umherspritzen

plant|schen: ⇨ planschen
platt ☺**:** ganz flach: *Der Reifen ist platt.*
Plat|te ☺**,** die (die Platten): **1.** flaches, dünneres Stück eines harten Materials: *Holzplatte.* **2.** großer Teller für Speisen: *Kuchenplatte*
Platz ☺**,** der (die Plätze): **1.** *Spielplatz.* **2.** *Sitzplatz.* **3.** *Marktplatz.* **4.** *ein Buch an seinen Platz stellen.* **5.** *Wir haben keinen Platz für noch mehr Bücher.* **6.** *Beim Wettkampf erreichte sie den zweiten Platz.*
plat|zen ☺ (du platzt): *Der Reifen platzte plötzlich.*
plötz|lich Ⓜ**:** auf einmal; unerwartet; von einem Augenblick zum anderen: *Plötzlich krachte es.*

po

Po 5 **,** der: (die Pos): Popo; Gesäß
Po|len: Land in Europa
Po|li|zei Ⓜ**,** die (die Polizeien): **1.** *die Polizei, dein Freund und Helfer.* **2.** Dienststelle der Polizei: *auf die Polizei gehen*
Po|li|zist Ⓜ 10 **,** der (die Polizisten): *Der Polizist regelt den Verkehr.*
pol|nisch: alles, was sich auf Polen bezieht oder von dort kommt: *die polnische Sprache*
Pommes frites Ⓜ 3 **,** die (Mehrzahl): *Einmal Pommes frites mit Mayonnaise und Ketchup!*
Po|ny Ⓜ**,** das (die Ponys): kleines Pferd

Probe

Por|ti|on Ⓜ, die (die Portionen): *Er isst eine Portion Spaghetti.*

Por|to, das (die Portos, *auch* die Porti): Gebühr für Postsendung: *Der Brief kostet 55 ct Porto.*

Post, die (ohne Mehrzahl): 1. *einen Brief mit der Post schicken.* 2. *Ich habe heute noch keine Post bekommen.* 3. *Oma bringt einen Brief zur Post.*

Post|kar|te Ⓔ, die (die Postkarten): Karte, um kurze Grüße oder Nachrichten zu verschicken

pr

prak|tisch: 1. zweckmäßig: *Die Tasche hat praktische Fächer.* 2. geschickt: *Sie ist praktisch veranlagt und kann gut mit Werkzeug umgehen.*

Pran|ke 5 , die (die Pranken): große (Tier-)Pfote; Tatze: *Löwenpranke*

Preis, der (die Preise): 1. *Der Preis beträgt 15 Euro.* 2. *den ersten Preis beim Turnier gewinnen*

pres|sen ☺: 1. *Sie presst den Saft aus der Orange.* 2. *den Teddy an sich pressen*

Prinz, der (die Prinzen): Sohn eines Königs, einer Königin

Prin|zes|sin ☺, die (die Prinzessinnen): weibliche Form zu ⇨ Prinz

Pro|be, die (die Proben): 1. *Theaterprobe.* 2. *Wasserprobe*

proben

pro|ben: einüben: *ein Theaterstück proben*

pro|bie|ren: 1. *die Suppe probieren.* **2.** etwas ausprobieren: *Er probierte, das Fenster zu öffnen.*

Pro|blem, das (die Probleme): **1.** schwierige Aufgabe: *Sie muss das Problem lösen.* **2.** Schwierigkeit(en): *Er hat in diesem Jahr keine Probleme in der Schule.*

Pro|gramm ☺**,** das (die Programme): **1.** *Wir haben das Programm für die Schulfeier festgelegt.* **2.** *Programmzeitschrift.* **3.** Fernsehsender. **4.** Computerprogramm

Pro|zent, das (die Prozente): Hundertstel: *Bei der Wahl erhält sie 70 Prozent (%) der Stimmen.*

prü|fen: 1. kontrollieren; untersuchen: *Mutter prüft, ob das Obst frisch ist.* **2.** *Heute werden wir mündlich geprüft.*

prus|ten: 1. *Als sie den Witz hörten, prusteten sie los.* **2.** *Prustend tauchte David aus dem Schwimmbecken auf.*

pu

Pud|ding ☺**,** der (die Puddinge, *auch* die Puddings): *Vanillepudding*

Pu|der, der (die Puder): *Sie streut Puder auf ihr aufgeschrammtes Knie.*

Pul|li ☺**,** der (die Pullis): Kurzform für ⇨ Pullover

Pul|lo|ver Ⓜ 6 **,** der (die Pullover): *Suse zieht einen dicken Pullover an, denn es ist draußen kalt.*

Puls, der (die Pulse): *Nach dem 50-m-Lauf haben wir unseren Puls am Handgelenk gemessen.*

quälen

Pul|ver Ⓜ, das (die Pulver): *etwas zu Pulver zermahlen; Waschpulver*

Punkt, der (die Punkte): **1.** *ein T-Shirt mit Punkten.* **2.** *einen Punkt am Ende des Satzes setzen.* **3.** Stelle; Ort: *Das ist der höchste Punkt in Deutschland.* **4.** *Ich muss Punkt sieben Uhr zu Hause sein.*

pünkt|lich ☻: genau zur Zeit: *Der Zug kam pünktlich.*

Pup|pe ☺, die (die Puppen): **1.** *mit Puppen spielen.* **2.** Insektenlarve im Ruhestadium: *die Puppe eines Schmetterlings*

Pü|ree Ⓜ, das (die Pürees): Brei: *Kartoffelpüree*

pus|ten: *Tom muss pusten; die Suppe ist noch heiß.*

put|zen ☺ (du putzt): sauber machen: *Die Küche ist schmutzig, wir müssen sie putzen.*

Puz|zle Ⓜ, das (die Puzzles): Zusammensetzspiel

Q

qu

Qua|drat Ⓜ, das (die Quadrate): Viereck; Rechteck mit vier gleich langen Seiten

qua|ken: *Die Frösche quaken laut in ihrem Teich.*

quä|len ♀: **1.** misshandeln. **2.** (sich): sich mit etwas sehr beschäftigen; sich abmühen: *Ich quäle mich mit den Hausaufgaben herum.*

Qualm

Qualm, der (ohne Mehrzahl): dichter Rauch: *Qualm steigt aus dem Kamin.*

Quark 3 , der (ohne Mehrzahl): *Quark mit Kirschen essen*

Quar|tett ☺, das (die Quartette): **1.** Kartenspiel: *Quartett spielen.* **2.** vier Karten, die beim Quartettspiel zusammengehören: *Ich habe ein Quartett.*

Quatsch, der (ohne Mehrzahl): Blödsinn; Unsinn: *Quatsch machen*

quat|schen: 1. viel reden und dabei hauptsächlich Unsinn: *Lisa quatscht nur dummes Zeug.* **2.** sich unterhalten: *Sie haben die ganze Zeit miteinander gequatscht.*

quer: 1. rechtwinklig zu einer angenommenen Linie: *quer gestreift.* **2.** von einer Seite zur anderen; von einem Ende zum anderen: *Sie fuhren quer durch die ganze Stadt, um die neue CD zu kaufen.*

quet|schen: 1. *Luca quetscht das Buch in das volle Regal.* **2.** *Ich habe mir den Finger gequetscht.* **3.** (sich): *Er quetscht sich noch zu seinen Freunden auf die Bank.*

quie|ken: *Ferkel quieken; die Mädchen quieken laut vor Vergnügen.*

quiet|schen: *Die Tür quietscht. Die Bremsen quietschen.*

Quiz ⓜ, das (die Quiz): Frage-Antwort-Spiel: *Sie haben bei einem Quiz mitgemacht.*

R

ra

Ra|be, der (die Raben): großer schwarzer Vogel

Ra|che, die (ohne Mehrzahl): Vergeltung: *Rache nehmen*

rä|chen ⚥: **1.** etwas heimzahlen. **2.** (sich): *Er rächt sich für den Streich, den sie ihm gespielt haben.*

Ra|chen 5 , der (die Rachen): **1.** *Sein Rachen war entzündet.* **2.** *Der Löwe riss den Rachen auf.*

Rad ↪ 8 , das (die Räder): **1.** Kurzform für ➪ Fahrrad. **2.** *Wagenrad.* **3.** Turnübung: *Rad schlagen*

Ra|dier|gum|mi Ⓜ 9 , der (die Radiergummis): Gegenstand zur Entfernung von etwas Geschriebenem oder Gezeichnetem

Ra|dio Ⓜ, das: **1.** (die Radios): Gerät, mit dem man Radiosendungen hören kann: *Das Radio ausschalten.* **2.** (ohne Mehrzahl): Rundfunk; Hörfunk: *Sie will im Radio die Nachrichten hören.*

Rah|men Ⓜ, der (die Rahmen): Einfassung; Rand: *Fensterrahmen*

Ra|ke|te 8 , die (die Raketen): **1.** *Mondrakete.* **2.** Feuerwerkskörper: *Leuchtrakete*

Rand ↪, der (die Ränder): **1.** *ein Glas bis zum Rand füllen; am Rand der Wie-*

rannte

se. **2.** *Die Lehrerin hat die Fehler an den Rand geschrieben.*

rann|te: ⇨ rennen

ra|scheln: 1. *Die Blätter rascheln im Wind.* **2.** *Opa raschelt mit seiner Zeitung.*

ra|sen: sehr schnell fahren, laufen: *Ein Auto kam um die Ecke gerast.*

Ra|sen, der (die Rasen): Grasfläche: *den Rasen mähen*

Rat, der: **1.** (ohne Mehrzahl): Empfehlung; Hinweis: *einen guten Rat geben.* **2.** (die Räte): *Gemeinderat.* **3.** (die Räte): *Am Sonntag werden die Räte für den Stadtrat gewählt.*

ra|ten: 1. einen Rat, einen Ratschlag geben. **2.** enträtseln: *falsch geraten*

Rat|schlag ⊕, der (die Ratschläge): ein einzelner Hinweis, Rat

Rät|sel ♀, das (die Rätsel): **1.** Denkaufgabe: **2.** etwas, hinter dessen Geheimnis man kommen möchte

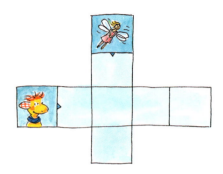

rät|seln ♀: knobeln; sich Gedanken machen; eine Erklärung suchen: *Wir rätseln, welchen Weg wir nehmen sollen.*

Rat|te ☺, die (die Ratten): Nagetier

rau: 1. rissig; nicht glatt: *raue Haut.* **2.** heiser, kratzig: *raue Stimme*

rau|ben: 1. mit Gewalt stehlen: *Schmuck rauben.* **2.** *Die Kinder rauben der Mutter den letzten Nerv.*

Räu|ber ♀, der (die Räuber): Dieb; Verbrecher:

Die Räuber entkamen der Polizei.

Rauch, der (ohne Mehrzahl): *Rauch kam aus dem Schornstein.*

Raum, der (die Räume): **1.** Zimmer: *Abstellraum.* **2.** Platz. **3.** Weltall

räu|men ⚥: etwas beseitigen; leer machen: *die Straße räumen*

Rau|pe, die (die Raupen): Larve des Schmetterlings: *die kleine Raupe Nimmersatt*

raus: ⇨ heraus

re

rech|nen: *im Kopf rechnen*

Rech|nung ⊜ 9 **,** die (die Rechnungen): **1.** Rechenaufgabe. **2.** Kassenzettel: *Herr Ober, die Rechnung bitte!*

Recht, das (die Rechte): **1.** Gesamtheit der Gesetze: *das deutsche Recht.* **2.** Anspruch; Berechtigung: *Das ist ihr gutes Recht!*

rechts: auf der rechten Seite: *rechts abbiegen*

recht|zei|tig ⊜: *Sie konnte noch rechtzeitig bremsen, sodass es zu keinem Unfall kam.*

Re|de, die: **1.** (die Reden): Ansprache; Vortrag: *eine Rede halten.* **2.** (ohne Mehrzahl): das Sprechen: *Wovon war gerade die Rede?* **3.** (ohne Mehrzahl): *Die direkte Rede wird in Anführungszeichen gesetzt.*

re|den: 1. sprechen: *Du musst langsamer reden.* **2.** *Rede doch keinen Unsinn.* **3.** miteinander reden

Re|gal 7 **,** das (die Regale): *Paul stellt ein Buch ins Regal.*

Re|gel, die (die Regeln): *Verkehrsregeln; Gesprächsregeln*

regelmäßig

re|gel|mä|ßig 🌐: **1.** gleichmäßig: *eine regelmäßige Schrift.* **2.** *David kommt regelmäßig zu spät.*

Re|gen [2], der (ohne Mehrzahl): *Heftiger Regen trommelt gegen die Scheiben.*

Re|gen|bo|gen 🌐, der (die Regenbogen): *Am Himmel ist ein bunter Regenbogen zu sehen.*

Re|gis|seur Ⓜ [10], der (die Regisseure): Spielleiter im Theater oder bei Filmaufnahmen

reg|nen ♀: *Diesen Sommer hat es häufig geregnet.*

Reh Ⓜ [1], das (die Rehe): Tier, das im Wald lebt: *ein scheues Reh*

Rei|be, die (die Reiben): Gerät, mit dem man z. B. Kartoffeln oder Möhren klein reibt

rei|ben (sie reibt, er rieb, sie hat gerieben): **1.** *Eva hat sich die Augen gerieben.* **2.** *Du musst noch Käse für die Spaghetti reiben.*

reibt: ⇨ reiben

reich: *Er ist ein reicher Mann, denn er hat viel Geld.*

rei|chen: 1. auskommen; genügen: *Timos Geld reicht nicht für den neuesten Comic.* **2.** sich erstrecken; gehen bis: *Das Regal reicht bis zur Decke.*

reif: voll entwickelt: *Die Kirschen sind reif.*

Rei|fen 8, der (die Reifen): **1.** *Ein Reifen ist geplatzt.* **2.** *Im Zirkus springt der Löwe durch einen brennenden Reifen.*

Rei|he M, die: **1.** (die Reihen): *Die Kinder stellen sich in einer Reihe auf.* **2.** (ohne Mehrzahl): *Jetzt bist du an der Reihe.*

Rei|hen|fol|ge, die (die Reihenfolgen): geordnete Abfolge: *die Wörter nach der alphabetischen Reihenfolge ordnen*

Reim, der (die Reime): **1.** Gleichklang zweier oder mehrerer Wörter, besonders am Versende. **2.** *Kinderreim*

rein: 1. nicht vermischt; echt: *reines Gold.* **2.** sauber; frei von Schmutz: *Die Wäsche ist rein.* **3.** ohne Schuld: *ein reines Gewissen haben.* **4.** Kurzform für ⇨ herein

rei|ni|gen: sauber machen

Reis, der (die Reise): Pflanze, deren Frucht gegessen wird: *Sie isst gern Milchreis.*

Rei|se, die (die Reisen): *In den Ferien machten wir eine Reise ans Meer.*

rei|sen: eine Reise machen: *Wir reisen ans Meer.*

rei|ßen (du reißt, sie reißt, er riss, sie hat/ist gerissen): **1.** auseinandergehen: *Das Seil ist gerissen.* **2.** *Der Sturm hat die Bäume aus der Erde gerissen.* **3.** *Ella riss ihrer Freundin das Tagebuch aus der Hand.*

reißt: ⇨ reißen

Reiß|ver|schluss 6, der (die Reißverschlüsse):

reiten

Verschluss meist an Kleidungsstücken: *Der Reißverschluss klemmt schon wieder.*

rei|ten (sie reitet, er ritt, sie hat/ist geritten): sich auf einem Reittier (z. B. Pferd, Esel) fortbewegen: *Tina kann reiten.*

rei|tet: ➪ reiten

ren|nen ☺ (sie rennt, er rannte, sie ist gerannt): sehr schnell laufen: *Sie muss rennen, damit sie noch pünktlich kommt.*

Ren|nen ☺, das (die Rennen): Wettkampf im Laufen, Reiten oder Fahren: *Autorennen*

rennt: ➪ rennen

re|pa|rie|ren: ausbessern; in Ordnung bringen; ganz machen: *das Auto reparieren*

Re|por|ter 10 , der (die Reporter): jemand, der Berichte, Reportagen z. B. für Zeitung, Fernsehen oder Radio macht

Rest, der: **1.** (die Reste): etwas, was übrig geblieben ist: *Kuchenreste.* **2.** (ohne Mehrzahl): *Den Rest des Tages blieb Simon einfach im Bett.*

ret|ten ☺: *jemandem das Leben retten*

Reue, die (ohne Mehrzahl): tiefes Bedauern; Schuldbewusstsein: *Die Übeltäter zeigen keine Reue.*

Re|zept, das (die Rezepte): **1.** *Kochrezept; Backrezept.* **2.** *Der Arzt stellt ein neues Rezept aus.*

ri

rich|ten: 1. *eine Frage an jemanden richten.* **2.** (sich): *Ich habe mich*

ganz genau nach der Anweisung gerichtet.

rich|tig ⇨: **1.** *die richtige Lösung.* **2.** *Joes richtiger Name lautet Johann.*

Rich|tung, die (die Richtungen): *In welche Richtung müssen wir jetzt gehen?*

rieb: ⇨ reiben

rie|chen (sie riecht, er roch, sie hat gerochen): **1.** *an einer Blume riechen.* **2.** *Die Suppe riecht aber gut.*

riecht: ⇨ riechen

rief: ⇨ rufen

Rie|gel, der (die Riegel): **1.** Verschluss: *Du musst noch den Riegel an der Tür vorlegen.* **2.** *Schokoriegel*

Rie|se, der (die Riesen): *In Märchen kommen oft Riesen und Zwerge vor.*

rie|sig ⇨: sehr groß

Rind ⇨, das (die Rinder): Nutztier: *Die Rinder stehen auf der Weide.*

Rin|de, die (die Rinden): **1.** äußere Schicht am Stamm von Bäumen. **2.** *Käserinde; Brotrinde*

Ring 6 , der (die Ringe): kreisförmiges Gebilde: *Fingerring; Rettungsring*

riss: ⇨ reißen

Riss ☺, der (die Risse): Schlitz; Spalt; Bruch: *Der Riss in der Hose wurde immer länger.*

ritt: ⇨ reiten

Rit|ter ☺ 10 , der (die Ritter): im Mittelalter ein Kämpfer zu Pferde

ro

Rob|be ☺ 1 , die (die Robben): Säugetier, das im und am Meer lebt

Ro|bo|ter Ⓜ, der (die Roboter): Maschine mit beweg-

roch

lichen Gliedern, Armen und Beinen

roch: ⇨ riechen

Rock ☺ 6 , der (die Röcke): Kleidungsstück

ro|deln: Schlitten fahren

roh Ⓜ: nicht gekocht: *ein rohes Ei*

Rohr Ⓜ, das (die Rohre): *die Rohre der Wasserleitung; das Rohr ist verstopft.*

Röh|re Ⓜ, die (die Röhren): **1.** *ein Röhrchen mit Tabletten.* **2.** *eine neue Neonröhre einsetzen*

Rol|le ☺, die (die Rollen): **1.** Walze; Spule: *Garnrolle.* **2.** Purzelbaum: *eine Rolle vorwärts machen.* **3.** Figur, die ein Schauspieler im Theater oder Fernsehen darstellt: *Er spielt die Rolle des König Drosselbart.*

rol|len ☺: **1.** *Der Ball rollt davon.* **2.** *etwas zusammenrollen* **3.** *mit den Augen rollen*

ro|sa: *Ihr T-Shirt ist rosa.*

Ro|sa, das (ohne Mehrzahl): Farbe

Ro|se 2 , die (die Rosen): Blume mit einer schönen Blüte und Stacheln: *einen Strauß Rosen schenken*

Ro|si|ne Ⓜ, die (die Rosinen): getrocknete Weintraube: *Wir wollen einen Kuchen mit Rosinen backen.*

Rost, der: **1.** (die Roste): Gitter: *Wir braten unsere Würstchen auf dem Grillrost.* **2.** (ohne Mehrzahl): braunrote Schicht, die sich auf Eisen bilden kann: *Sie schmirgeln den Rost am Eisentor ab.*

rot (roter, am rotesten; *auch* röter, am rötesten): *Sie mag rote Rosen.*

Rot, das (ohne Mehrzahl): Farbe

ru

rub|beln ☺: kräftig reiben

Rü|cken ☺ 5 , der (die Rücken): **1.** *einen krummen Rücken haben; auf dem Rücken eines Pferdes sitzen.* **2.** *Buchrücken*

Ruck|sack Ⓜ 6 , der (die Rucksäcke): Beutel, den man an zwei Riemen auf dem Rücken trägt: *den Rucksack packen*

Rück|sicht Ⓜ, die (die Rücksichten): *Sie sollen auf die jüngeren Mitschüler Rücksicht nehmen.*

rück|wärts Ⓜ: nach hinten; zurück: *Rückwärts zu buchstabieren ist schwierig.*

Rü|de, der (die Rüden): männlicher Wolf, Fuchs, Hund, Marder

Ru|der 8 , das (die Ruder): **1.** Vorrichtung zum Steuern eines Bootes: *am Ruder stehen.* **2.** Stange mit flachen Enden zum Fortbewegen eines Bootes

ru|dern: *Sie sind über den See gerudert.*

ru|fen (sie ruft, er rief, sie hat gerufen): **1.** *laut rufen.* **2.** *„Herein!", rief es aus dem Zimmer.*

ruft: ⇨ rufen

Ru|he Ⓜ, die (ohne Mehrzahl): **1.** Stille: *Im Wald herrscht Ruhe.* **2.** Entspannung: *sich etwas Ruhe nach einem anstrengenden Tag gönnen.* **3.** kein Streit; keine Störung: *Könnt ihr mal wieder Ruhe geben?*

ru|hig ⇨: **1.** ohne störende Geräusche: *Seid doch endlich mal ruhig!* **2.** fast bewegungslos: *ruhig dasitzen.* **3.** ohne Streit; ohne Störung: *Die Diskussion verlief ruhig.*

rüh|ren Ⓜ: **1.** z. B. mit einem Löffel etwas vermischen: *Puddingpulver in die Milch rühren.* **2.** bewegen: *keinen Finger rühren*

rum: ⇨ herum

rund ⇨: **1.** *ein runder Tisch; die Erde ist rund.* **2.** dick: *Das Baby hat runde Bäckchen.* **3.** *in achtzig Tagen rund um die Erde reisen*

run|ter: ⇨ herunter

Rüs|sel ⇨, der (die Rüssel): röhrenförmige Verlängerung am Kopf: *Elefantenrüssel; Saug- und Stechrüssel bei Insekten*

rus|sisch ☺: alles, was sich auf Russland bezieht oder von dort kommt: *die russische Sprache*

Russ|land ⊕: sehr großes Land, das teilweise in Europa liegt, aber zum größten Teil in Asien

rut|schen: 1. *Sophia rutscht auf dem Stuhl hin und her.* **2.** nicht fest sitzen: *Die Hose rutscht. Sie ist zu groß.*

rüt|teln ☺: schütteln; heftig hin und her bewegen: *Er rüttelt an der verschlossenen Tür.*

S

sa

Sa|che, die (die Sachen): **1.** Gegenstand; Ding: *Ich*

Samen

muss noch meine Sachen packen. **2.** Angelegenheit: *Das geht dich nichts an, das ist meine Sache.*

Saft ③, der (die Säfte): Getränk aus ausgepressten Früchten: *Orangensaft*

Sä|ge Ⓜ, die (die Sägen): Werkzeug zum Zerteilen von hartem Material

sa|gen: 1. *etwas laut sagen.* **2.** *Ich muss meiner Tante nur noch Auf Wiedersehen sagen.* **3.** *Wie kann man es treffender sagen?*

sä|gen Ⓜ: *ein Loch in das Brett sägen; Holz sägen*

sah: ⇨ sehen

Sah|ne Ⓜ ③, die (ohne Mehrzahl): *Eis mit Sahne*

Sai|te Ⓜ, die (die Saiten): dünner Strang, z. B. auf Geigen und Gitarren: *Die Gitarrensaite ist gerissen.*

Sa|lat ③, der: **1.** (ohne Mehrzahl): Pflanze: *Kopfsalat.* **2.** (die Salate): kalte Speise: *Kartoffelsalat*

Salz ③, das (die Salze): *Ich gebe noch eine Prise Salz an die Suppe.*

sal|zen (du salzt): mit Salz würzen

Sa|men, der: **1.** (die Samen): Teil der Pflanze, aus dem eine neue Pflanze entstehen kann. **2.** Absonderung des männlichen Geschlechtsteils, die zur Fortpflanzung dient

sammeln

sam|meln: *Heidelbeeren, Pilze, Briefmarken sammeln; Altpapier sammeln*

Sams|tag ⇨, der (die Samstage): Wochentag; Sonnabend

Sand ⇨, der (die Sande, *auch* die Sände): *Kinder spielen im Sand; Wüstensand*

San|da|le 6 , die (die Sandalen): *flacher, leichter Schuh*

sand|te: ⇨ senden

sanft: 1. *Das Pferd ist ganz sanft.* **2.** *sanft streicheln*

sang: ⇨ singen

Sän|ger M 10 , der (die Sänger): *jemand, der (als Beruf) singt*

sank: ⇨ sinken

saß: ⇨ sitzen

satt ☺: *nicht mehr hungrig*

Satz, der (die Sätze): **1.** *Wir müssen 3 Sätze mit „laufen" bilden.* **2.** *ein großer Sprung: Vor Schreck macht sie einen Satz.*

sau|ber: *frei von Schmutz: saubere Kleider*

sau|er: 1. *sauer wie eine Zitrone.* **2.** *verdorben: Die Milch ist sauer.*

sau|gen: 1. (sie saugt, er saugte, sie hat gesaugt; *auch* sie saugt, er sog, sie hat gesogen): *Das Baby saugt am Daumen.* **2.** (er saugte, sie hat gesaugt): *staubsaugen.*

saugt: ⇨ saugen

sb

S-Bahn 8 , die (die S-Bahnen): *Kurzform für* ⇨ Schnellbahn

sc

sch

Du sprichst ein Wort am Anfang wie *sch* aus, kannst es aber unter *sch* nicht finden. Dann suche auch unter *sh*. Beispiele: *shoppen; das Shampoo; die Show*

Schach|tel, die (die Schachteln): Behälter aus dünner Pappe: *Laura sucht eine Schachtel für ihre Urlaubsandenken.*

scha|de: leider: *Schade, dass du nicht mit zum Baden kommst.*

Schaf, das (die Schafe): Tier mit wolligem Fell

schaf|fen ☺ (sie schafft, er schuf, sie hat geschaffen): **1.** entstehen lassen; hervorbringen. **2.** bewältigen; fertig werden

schafft: ⇨ schaffen

Schal 6 , der (die Schals): *Lexi trägt einen blauen Schal um den Hals.*

Scha|le, die (die Schalen): **1.** *Apfelschale.* **2.** *In der Schale lag Obst.*

schä|len ⚥: *einen Apfel schälen*

Schal|ter, der (die Schalter): **1.** *Lichtschalter.* **2.** *Fahrkartenschalter*

schä|men Ⓜ (sich): *Ulli hat gelogen, deshalb schämt er sich jetzt.*

scharf: 1. *ein scharfes Messer.* **2.** kräftig gewürzt: *eine scharfe Suppe*

Schat|ten ☺, der: **1.** (die Schatten): *Die Sonne geht bald unter, die Bäume werfen schon lange Schatten.* **2.** (ohne Mehrzahl): *Wir gingen aus der Sonne in den Schatten.*

Schatz ☺, der (die Schätze): Ansammlung vieler kostbarer Dinge, z. B. Goldmünzen: *einen Schatz vergraben*

schau|en: blicken; sehen

Schau|kel 7 , die (die Schaukeln): Brett, das an

schaukeln

zwei Seilen oder Ketten aufgehängt ist

schau|keln: **1.** *Die Kinder schaukeln im Hof.* **2.** *ein Kind in der Wiege schaukeln*

Schaum, der (die Schäume): *Eiweiß zu Schaum schlagen; Schaumbad*

Schau|spie|ler ⊕ 10 , der (die Schauspieler): jemand, der auf der Bühne, im Film oder Fernsehen Rollen übernimmt; Darsteller

Schei|be 7 , die (die Scheiben): **1.** *Fensterscheibe.* **2.** *Frisbeescheibe.* **3.** *Brotscheibe*

schei|nen (sie scheint, er schien, sie hat geschienen): **1.** *Die Sonne schien den ganzen Tag.* **2.** den Eindruck erwecken: *Er scheint schon zu schlafen.*

scheint: ⇨ scheinen

Schen|kel 5 , der (die Schenkel): Teil des Beines: *Hähnchenschenkel*

schen|ken: *Opa schenkt ihm eine Tafel Schokolade.*

Sche|re, die (die Scheren): Schneidewerkzeug: *Bastelschere*

Scherz, der (die Scherze): Spaß; Witz: *Er hat nur einen Scherz gemacht.*

Schi, der (die Schier, *auch* die Schi): ⇨ Ski

schi|cken ☺: **1.** *Mia schickt mir ein Päckchen.* **2.** *Mutter schickt Tom einkaufen.*

schie|ben (sie schiebt, er schob, sie hat geschoben): **1.** *das Fahrrad*

schläft

schieben. **2.** *einen Riegel vor die Tür schieben*
schiebt: ⇨ schieben
schief: schräg; nicht gerade
schien: ⇨ scheinen
schie|ßen (du schießt, sie schießt, er schoss, sie hat/ist geschossen): **1.** mit einem Gewehr, einer Pistole einen Schuss abfeuern. **2.** *Aus Versehen hat er sich selbst ins Bein geschossen.* **3.** (beim Fußball) *ein Tor schießen*
schießt: ⇨ schießen
Schiff 8 , das (die Schiffe): *Letzten Sonntag fuhren wir mit dem Schiff über den Bodensee.*
Schild, das (die Schilder): *Namensschild; Verkehrsschild*
Schild, der (die Schilde): Schutz: *Die Ritter trugen ein Schild zum Schutz.*
Schild|krö|te, die (die Schildkröten): Kriechtier mit Bauch- und Rückenpanzer
Schilf 2 , das (die Schilfe): hohe grasähnliche Pflanze, die am Wasser wächst
schimp|fen Ⓜ: **1.** *Wir schimpften über die vielen Hausaufgaben.* **2.** *Der Vater schimpft mit den Kindern, weil sie nicht aufgeräumt haben.*
Schirm, der (die Schirme): **1.** *Regenschirm.* **2.** *Lampenschirm.* **3.** *Fallschirm*
Schlaf, der (ohne Mehrzahl): *Sie fiel in einen tiefen Schlaf.*
Schlaf|an|zug 6 , der (die Schlafanzüge): *Sie trägt meist gestreifte Schlafanzüge.*
schla|fen (sie schläft, er schlief, sie hat geschlafen): **1.** *Um Mitternacht ging Fritz endlich schlafen.* **2.** *Sina schläft heute Nacht bei Kira.*
schläft: ⇨ schlafen

169

schlagen

schla|gen (sie schlägt, er schlug, sie hat geschlagen): **1.** *Die Schüler wurden früher mit dem Stock geschlagen.* **2.** *Sie schlägt den Nagel mit dem Hammer in die Wand.* **3.** in einem Wettkampf besiegen: *Der Gegner ist geschlagen.*

schlägt: ⇨ schlagen

Schlan|ge, die (die Schlangen): lang gestrecktes Kriechtier ohne Beine: *Manche Schlangen sind giftig.*

schlank: dünn; schmal

schlau: klug; gescheit

Schlauch, der (die Schläuche): biegsame, elastische Röhre: *Gartenschlauch*

Schlau|fe, die (die Schlaufen): **1.** eine Schlinge als Griff: *die Schlaufe am Skistock.* **2.** *Gürtelschlaufe*

schlecht: 1. *Er hat seine Hausaufgaben schlecht erledigt.* **2.** *Ich habe heute Nacht schlecht geschlafen.* **3.** verdorben: *Die Milch ist schlecht.* **4.** unwohl: *Mir ist schlecht.* **5.** *Wir haben schlechtes Wetter.*

schle|cken ☺: lecken: *Eis schlecken*

schlei|chen (sie schleicht, er schlich, sie hat/ist geschlichen): **1.** leise und vorsichtig gehen: *auf Zehenspitzen schleichen.* **2.** (sich): sich heimlich entfernen: *Sie hat sich aus dem Haus geschlichen.*

schleicht: ⇨ schleichen

Schlei|fe, die (die Schleifen): *eine Schleife binden*

schlep|pen ☺: etwas Schweres tragen: *Er*

schlüpfen

schleppt die schweren Koffer zum Auto.
schlich: ⇨ schleichen
schlief: ⇨ schlafen
schlie|ßen (du schließt, sie schließt, er schloss, sie hat/ist geschlossen): **1.** zumachen: *Schließ bitte das Fenster. Es zieht.* **2.** (sich): *Die Blüten der Pflanze schließen sich am Abend.*
schließ|lich Ⓜ: am Schluss; endlich; am Ende; zuletzt
schließt: ⇨ schließen
schlimm ☺: arg; böse; unangenehm: *Das ist halb so schlimm!; eine schlimme Wunde*
Schlit|ten ☺ 8 , der (die Schlitten): *Wenn es frisch geschneit hat, fahren wir Schlitten.*
Schlitt|schuh 🌐, der (die Schlittschuhe): *Im Winter gehen wir in die Eissporthalle und laufen dort Schlittschuh.*

schloss: ⇨ schließen
Schloss ☺ 7 , das (die Schlösser): **1.** *Fahrradschloss.* **2.** Palast; prächtiges Gebäude
schluch|zen (du schluchzt): heftig weinen
Schluck ☺, der (die Schlucke): so viel, wie man mit einem Mal hinunterschluckt: *ein Schluck Wasser*
schlu|cken ☺: *Ich habe beim Schwimmen Wasser geschluckt.*
schlug: ⇨ schlagen
schlüp|fen: 1. *Der Hund schlüpft unbemerkt unter dem Zaun hindurch.* **2.** *Das Küken schlüpft aus dem Ei.*

Schluss

Schluss ☺, der: (ohne Mehrzahl): Ende: *Damit ist jetzt endgültig Schluss.*

Schlüs|sel ☺ 7 , der (die Schlüssel): *den Schlüssel ins Schloss stecken*

schmal (schmaler, am schmalsten; *auch* schmäler, am schmälsten): dünn; eng: *eine schmale Gasse*

schme|cken ☺: **1.** *Ich kann gar nichts schmecken, ich habe Schnupfen.* **2.** *Die Suppe schmeckt salzig.*

Schmerz, der (die Schmerzen): **1.** *Kopfschmerzen.* **2.** Kummer; Leid

Schmet|ter|ling ☺, der (die Schmetterlinge): Insekt mit vier Flügeln

schmie|ren: 1. ölen; einfetten. **2.** *Marie schmiert sich noch ein Butterbrot.* **3.** unsauber schreiben. **4.** *Timos Filzstift schmiert.*

Schmuck ☺, der (ohne Mehrzahl): **1.** Schmuckstücke wie Ringe, Ketten, Armbänder. **2.** Verschönerung; Ausschmückung

schmü|cken ☺: schön herrichten: *den Weihnachtsbaum schmücken*

Schmutz ☺, der (ohne Mehrzahl): Dreck; Unrat

schmut|zig ☺: dreckig

Schna|bel 5 , der (die Schnäbel): *Papageien haben einen kräftigen Schnabel.*

Schnal|le ☺ 6 , die (die Schnallen): Vorrichtung zum Verschließen: *Gürtelschnalle*

Schnau|ze 5 , die (die Schnauzen): Nasen- und Mundbereich bestimmter Tiere: *eine warme Hundeschnauze*

Schokolade

Schne|cke 😊 **1**, die (die Schnecken): Weichtier: *Die Schnecke kriecht langsam über den Weg.*

Schnee Ⓜ **2**, der (ohne Mehrzahl): Niederschlag als kleine weiße Flocken: *Leise fällt Schnee.*

schnei|den (du schneidest, sie schneidet, er schnitt, sie hat geschnitten):
1. *Brot schneiden.*
2. scharf sein: *Die Schere schneidet gut.* **3.** *sich die Haare schneiden lassen.*
4. (sich): sich verletzen: *Eva hat sich in den Finger geschnitten.*

schnei|det: ⇨ schneiden
schnei|en: Schnee fällt
schnell 😊: rasch; eilig

Schnell|bahn 🚆, die (die Schnellbahnen): elektrisch betriebene Eisenbahn, die meist in Großstädten fährt (S-Bahn).

schnitt: ⇨ schneiden
Schnitt 😊, der (die Schnitte): **1.** Einschnitt; offene Stelle: *ein glatter Schnitt.*
2. *Haarschnitt.* **3.** Durchschnitt: *Klassenschnitt*

schnüf|feln 😊: hörbar einatmen: *Der Hund schnüffelt an der Tür.*

Schnup|fen, der (die Schnupfen): *Bei der Kälte haben sich alle einen Schnupfen geholt.*

Schnur, die (die Schnüre): zusammengedrehte Fäden

schnur|ren 😊: *Katzen schnurren, wenn sie sich wohlfühlen.*

schob: ⇨ schieben
Scho|ko|la|de **3**, die (die Schokoladen): **1.** Süßig-

schon

keit. **2.** *eine Tasse heiße Schokolade*

schon: 1. *Die Großeltern kommen schon um 17 Uhr.* **2.** *Ich bin schon zehn Jahre alt.* **3.** *Das haben wir schon einmal durchgenommen.*

schön: *ein schönes Kind; ein schöner Pullover*

schöp|fen: *z. B. mit einer Schöpfkelle, einem Eimer Flüssigkeit herausholen*

schoss: ⇨ schießen

schp

Du sprichst ein Wort am Anfang wie *schp* aus, kannst es aber unter *schp* nicht finden. Dann suche auch unter *sp*. Beispiele: *sparen; spät; der Spatz*

schräg Ⓜ: *geneigt; schief*

Schrank 7 , *der (die Schränke): die Kleider in den Schrank hängen*

Schrau|be, *die (die Schrauben): Befestigungsmittel aus Metall*

Schreck ☺, *der (die Schrecke): Entsetzen: Lilo hat Jan einen riesigen Schreck eingejagt.*

schreck|lich ☹: *furchtbar; grauenvoll: ein schreckliches Unglück*

Schrei, *der (die Schreie): meist sehr lauter Ausruf*

schrei|ben *(sie schreibt, er schrieb, sie hat geschrieben):* **1.** *Sie lernt jetzt schreiben.* **2.** *Der Stift schreibt gut.* **3.** *einen Brief schreiben.* **4.** *(sich): Die Freundinnen schreiben sich lange Briefe.*

schreibt: ⇨ schreiben

Schreib|tisch ⊕ 7 , *der (die Schreibtische): ein Tisch zum Schreiben*

schrei|en *(sie schreit, er schrie, sie hat geschrien):* **1.** *einen Schrei von sich*

Schuld

geben. **2.** laut sprechen: *Schrei nicht so!*

schreit: ⇨ schreien

schrie: ⇨ schreien

schrieb: ⇨ schreiben

Schrift, die (die Schriften): **1.** *Wir benutzen die lateinische Schrift.* **2.** *Deine Schrift kann ich kaum lesen, du musst deutlicher schreiben.*

Schrift|stel|ler, der (die Schriftsteller): Autor; Verfasser: *Der Schriftsteller hat schon viele Bücher geschrieben.*

Schritt, der (die Schritte): **1.** *Er macht ein paar unsichere Schritte.* **2.** Entfernung: *Sie stehen nur wenige Schritte von uns weg.*

scht

Du sprichst ein Wort am Anfang wie *scht* aus, kannst es aber unter *scht* nicht finden. Dann suche auch unter *st.* Beispiele: *steigen; stark; die Straße*

Schub|la|de, die (die Schubladen): Schubfach: *Leg deine Strümpfe in die unterste Schublade des Schrankes.*

schüch|tern: zurückhaltend

schuf: ⇨ schaffen

Schuh 6 , der (die Schuhe): *Sie probiert ein Paar neue Schuhe.*

Schuld, die: **1.** (ohne Mehrzahl): *Er hat Schuld an dem Unfall, weil er unaufmerksam war.* **2.** (die Schulden): Geldbetrag,

Schule

den man zurückgeben muss: *Du musst deine Schulden noch zurückzahlen.*

Schu|le, die: **1.** (die Schulen): *Wir gehen noch in die Schule.* **2.** (ohne Mehrzahl): Unterricht: *Heute ist keine Schule.*

Schuss ☺, der (die Schüsse): **1.** *Es fielen Schüsse.* **2.** das Treten, Werfen eines Balles: *ein Schuss gegen die Latte*

Schüs|sel ☺, die (die Schüsseln): Gefäß: *eine Schüssel Reis*

schüt|teln ☺: **1.** etwas, jemanden kräftig und schnell hin und her bewegen. **2.** (sich): *Der Hund schüttelt sich.*

schüt|ten ☺: eingießen; fließen lassen: *Zucker in die Dose schütten*

Schutz ☺, der (ohne Mehrzahl): *Die Hütte bietet Schutz vor dem Regen.*

schüt|zen ☺ (du schützt): *jemanden vor Gefahr schützen*

schwach (schwächer, am schwächsten): **1.** ohne Kraft. **2.** *Das Eis auf dem See war noch zu schwach zum Schlittschuhlaufen.*

Schwal|be, die (die Schwalben): Singvogel

schwamm: ⇨ schwimmen

Schwamm ☺, der (die Schwämme): Gegenstand, den man zum Saubermachen braucht: *mit dem Schwamm die Tafel wischen*

Schwan [1], der (die Schwäne): großer Vogel mit langem Hals

Schwanz [5], der (die Schwänze): *Der Hund wedelt vor Freude mit dem Schwanz.*

schwarz (schwärzer, am schwärzesten): *Opa trägt einen schwarzen An-*

Schwimmbad

zug. *Ihre Fingernägel sind ganz schwarz.*

Schwarz, das (ohne Mehrzahl): Farbe

schwat|zen ☺ (du schwatzt): sich unterhalten; leise miteinander tuscheln

schwe|ben: sich in der Luft, im Wasser halten oder langsam bewegen, ohne zu Boden zu sinken

Schwe|den: Land in Europa

schwe|disch: alles, was sich auf Schweden bezieht oder von dort kommt: *schwedische Fleischklöße*

Schweif, der (die Schweife): langer Schwanz, z. B. beim Pferd.

schwei|gen (sie schweigt, er schwieg, sie hat geschwiegen): nichts sagen

schweigt: ➪ schweigen

Schwein, das (die Schweine): *Die Schweine quiekten.*

schwer: 1. von großem Gewicht. **2.** ein bestimmtes Gewicht habend: *Das Päckchen ist 500 g schwer.* **3.** schwierig: *eine schwere Aufgabe*

Schwert, das (die Schwerter): Waffe: *Der Ritter trug ein Schwert.*

Schwes|ter [4], die (die Schwestern): **1.** weibliches Geschwisterkind. **2.** *Krankenschwester*

schwieg: ➪ schweigen

schwie|rig ☺: nicht einfach; mit Schwierigkeiten, Problemen verbunden: *Das ist eine schwierige Frage.*

Schwimm|bad ☺, das (die Schwimmbäder): **1.** Be-

schwimmen

cken zum Schwimmen und Baden. **2.** Anlage, Gebäude mit Schwimmbecken: *Heute Mittag gehen wir ins Schwimmbad.*

schwim|men ☺ (sie schwimmt, er schwamm, sie hat/ist geschwommen): **1.** *Sie kann gut schwimmen.* **2.** *Sie sind 10 Bahnen geschwommen.* **3.** *Kork schwimmt.*

schwimmt: ⇨ schwimmen

schwit|zen ☺ (du schwitzt): Schweiß absondern

se

sechs Ⓜ: *sechs Eier kaufen*

Sechs Ⓜ, die (die Sechsen): Ziffer; Zahl: 6: *zwei Sechsen würfeln*

See Ⓜ, der (die Seen): größeres Gewässer: *im See baden*

See Ⓜ, die (ohne Mehrzahl): das Meer: *Der Matrose fuhr lange Jahre zur See.*

Se|gel 8 , das (die Segel): großes, starkes Tuch: *Die Segel wurden gesetzt und das Schiff nahm Kurs aufs offene Meer.*

se|geln: 1. *Das Schiff segelt nach Dover.* **2.** *In ihrer Freizeit segeln sie oft.*

se|hen Ⓜ (sie sieht, er sah, sie hat gesehen): **1.** mit den Augen erfassen: *Uropa sieht nicht mehr so gut.* **2.** *Wir haben ihn gerade noch im Umkleideraum gesehen.* **3.** aus dem Fenster sehen. **4.** *Es ist sehr neblig, man kann kaum noch die Berge sehen.* **5.** *Den Film hat er schon dreimal im Kino gesehen.*

sehr Ⓜ: *Tut es sehr weh? Sie sind sehr reich.*

seid: ⇨ sein

setzen

Sei|fe, die (die Seifen): *Nimm Seife, wenn du dir die Hände wäschst!*

Seil, das (die Seile): starke Schnur: *Das Seil ist gerissen.*

sein (du bist, sie ist, er war, sie ist gewesen): **1.** *Wie alt bist du?* **2.** *Sie ist Lehrerin.* **3.** *Es ist 10 Uhr.* **4.** *Sie waren in Mannheim.* **5.** *Das ist mein Buch.* **6.** *Es war einmal ...*

sein, sei|ne: *Peter zieht sein Hemd und seine Hose an.*

seit: von da an: *Seit sie einen Hund haben, gehen sie jeden Tag spazieren.*

Sei|te, die (die Seiten): **1.** *Das Auto ist auf der linken Seite verbeult.* **2.** *Das Buch hat 100 Seiten.* **3.** *Ein Quadrat hat vier gleich lange Seiten.*

Se|kun|de, die (die Sekunden): *Sechzig Sekunden ergeben eine Minute.*

sel|ber: ⇨ selbst

selbst Ⓜ: in eigener Person: *Den Kuchen habe ich selbst gebacken.*

sel|ten: nicht oft

selt|sam: eigenartig; merkwürdig

Sen|dung ⊕, die (die Sendungen): *Fernsehsendung; Radiosendung*

Senf 3 , der (die Senfe): Gewürz: *Bratwurst mit Senf*

Sep|tem|ber, der: neunter Monat im Jahr

Ses|sel ☺ 7 , der (die Sessel): *Der neue Sessel ist sehr bequem.*

set|zen ☺ (du setzt): **1.** *ein Kind auf den Stuhl setzen.* **2.** (sich): Platz nehmen: *Setz dich doch neben mich.*

sh

Sham|poo Ⓜ, das (die Shampoos; *auch* das Shampoon, die Shampoons): Haarwaschmittel

Sham|poon, das (die Shampoons): ⇨ Shampoo

si

sich: *sich waschen; er kam von sich aus auf die Idee.*

si|cher: 1. gefahrlos. **2.** *Sie ist eine sichere Autofahrerin.* **3.** ohne Zweifel: *Der Sieg ist ihnen sicher.*

sie: *Sie (Julia) ist müde; sie (Julia und Tim) gehen nach Hause; du darfst sie (die Bücher) nicht vergessen.*

Sie: *Herr Lorenz, nehmen Sie bitte Platz!*

Sieb ⊖, das (die Siebe): *Tee durch ein Sieb gießen*

sie|ben: etwas durch ein Sieb geben: *Mehl, Sand sieben*

sie|ben: *Tina ist sieben Jahre alt.*

Sie|ben, die (die Siebenen, *auch* die Sieben): Ziffer; Zahl: 7

Sieg ⊖, der (die Siege): Erfolg; Gewinn: *einen Sieg erringen*

sie|gen: einen Wettstreit oder Wettbewerb gewinnen: *Unsere Mannschaft hat mit einem klaren Vorsprung gesiegt.*

sieht: ⇨ sehen

Sil|ber, das (ohne Mehrzahl): weißlich schimmerndes Edelmetall

sil|bern: aus Silber oder wie Silber aussehend

Sil|ves|ter Ⓜ, der (*auch* das Silvester; die Silvester):

letzter Tag im Jahr;
31. Dezember: *Wir haben Silvester gefeiert.*

sind: ⇨ sein

sin|gen (sie singt, er sang, sie hat gesungen): *Sie singt laut ein Lied.*

singt: ⇨ singen

sin|ken (sie sinkt, er sank, sie ist gesunken): sich langsam abwärtsbewegen: *Das Schiff sinkt schnell.*

sinkt: ⇨ sinken

Sinn, der: **1.** (die Sinne): *Der Mensch hat 5 Sinne: Hören, Sehen, Riechen, Schmecken, Tasten.* **2.** (ohne Mehrzahl): Bedeutung: *Er versteht den Sinn des Textes nicht.* **3.** (ohne Mehrzahl): Ziel; Zweck: *Es hat keinen Sinn, weiterzugehen.*

Sitz, der (die Sitze): etwas zum Daraufsitzen: *Die Sitze in meinem Auto sind bequem.*

sit|zen (du sitzt, sie sitzt, er saß, sie hat gesessen): *am Schreibtisch sitzen; auf einer Bank sitzen.*

sitzt: ⇨ sitzen

sk

Ski, der (die Skier, *auch* die Ski; *auch* der Schi, die Schier, *auch* die Schi): *Im Winter fahren wir in die Berge und laufen Ski.*

Skiz|ze, die (die Skizzen): einfache, mit wenigen Strichen gemachte Zeichnung

so

so: 1. auf diese Weise: *Das kannst du so nicht machen.* **2.** *Sie erschrak so, dass sie kein Wort herausbrachte.*

So|cke, die (die Socken): kurzer Strumpf

so|fort: auf der Stelle: *Hör sofort damit auf!*

sog: ⇨ saugen

so|gar: *Sie hat sogar am Wochenende lernen müssen.*

Soh|le Ⓜ, die (die Sohlen): **1.** untere Fläche des Fußes: *Fußsohle.* **2.** untere Fläche des Schuhes: *Schuhe mit Ledersohle*

Sohn Ⓜ 4 , der (die Söhne): *Timo ist der Sohn von Herrn und Frau Müller.*

sol|len ☺: **1.** *Du sollst den Müll rausbringen.* **2.** *Was soll das?*

Som|mer ☺, der (die Sommer): Jahreszeit

Sonn|abend ⊕, der (die Sonnabende): Wochentag; Samstag

Son|ne ☺ 2 , die: (ohne Mehrzahl): *Die Sonne scheint.*

Sonn|tag ⇨, der (die Sonntage): Wochentag

sonst: *Zieh lieber etwas Warmes an, sonst erkältest du dich.*

sor|gen: 1. jemanden, etwas betreuen; sich kümmern: *Ich sorge für meinen Hund. Er sorgt für Ruhe in der Klasse.* **2.** (sich): *Lea sorgt sich um ihren kranken Hund.*

sorg|fäl|tig ⊕: genau; gewissenhaft

Sor|te, die (die Sorten): Art: *mehrere Sorten Äpfel*

So|ße, die (die Soßen): *Braten mit Soße*

sp

Spa|get|ti, die (Mehrzahl): ⇨ Spaghetti

Spa|ghet|ti Ⓜ, die (Mehrzahl; *auch* die Spagetti): *Ich esse am liebsten Spaghetti mit Tomatensoße.*

Spal|te, die (die Spalten): **1.** *Felsspalte.* **2.** *Die Ta-*

belle hat vier Spalten zum Ausfüllen. Der Zeitungsartikel geht über zwei Spalten.

Span|ge, die (die Spangen): Klammer: *Haarspange*

Spa|ni|en Ⓜ: Land in Europa

spa|nisch: alles, was sich auf Spanien bezieht oder von dort kommt: *die spanische Sprache*

span|nen ☺: *ein Seil zwischen zwei Pfosten spannen*

span|nend ⇒: fesselnd; mitreißend: *Das Buch ist spannend.*

spa|ren: Geld zurücklegen: *auf ein Fahrrad sparen*

Spaß, der: **1.** (die Späße): Scherz. **2.** (ohne Mehrzahl): *Englisch macht ihr Spaß.*

spät Ⓜ: **1.** gegen Ende: *Es ist schon spät.* **2.** später als erwartet: *Ich komme eine halbe Stunde später als verabredet.*

Spatz ☺, der (die Spatzen): kleiner graubrauner Vogel

spa|zie|ren Ⓜ: *Sonntags gehen wir immer im Park spazieren.*

spei|chern: *Daten auf der Festplatte speichern*

Spie|gel 7 , der (die Spiegel): *Spieglein, Spieglein an der Wand, wer ist die Schönste im ganzen Land?*

Spiel, das (die Spiele): **1.** *Kartenspiel.* **2.** *Fußballspiel.* **3.** *Hörspiel*

spie|len: 1. *mit Puppen spielen; Schach spielen.* **2.** *Handball spielen.* **3.** *Er spielt Flöte.* **4.** *Sie spielt die Fee in der Schulaufführung.*

Spin|ne ☺, die (die Spinnen): *Eine große Spinne saß in ihrem Netz.*

spitz ☺: **1.** *ein spitzer Nagel.* **2.** *spitze Schuhe*

Spitze

Spit|ze ☺, die (die Spitzen): **1.** *Die Spitze meines Bleistifts ist abgebrochen.* **2.** *Kirchturmspitze.* **3.** *Fingerspitze*

Spit|zer ☺ [9], der (die Spitzer): Gerät zum Anspitzen von Stiften

Sport, der (ohne Mehrzahl): *Sport machen; Schwimmen ist ihr Lieblingssport.*

sprach: ⇨ sprechen

Spra|che, die: **1.** (ohne Mehrzahl): *die menschliche Sprache.* **2.** (die Sprachen): *die deutsche Sprache*

sprang: ⇨ springen

spre|chen (sie spricht, er sprach, sie hat gesprochen): **1.** *sprechen lernen.* **2.** *Sie spricht zwei Sprachen.* **3.** sich unterhalten: *Sie haben lange am Telefon miteinander gesprochen.*

spricht: ⇨ sprechen

sprin|gen (sie springt, er sprang, sie ist gesprungen): *Sie springt vor Freude in die Höhe.*

springt: ⇨ springen

Sprit|ze ☺, die (die Spritzen): **1.** *Wasserspritze.* **2.** *Beim Arzt bekam sie eine Spritze.*

sprit|zen ☺ (du spritzt): **1.** *Wasser ins Gesicht spritzen.* **2.** eine Spritze geben

spu|cken ☺: *Er spuckt die Kirschkerne einfach ins Gras.*

spu|ken: *In dem alten Schloss spukt ein Gespenst.*

spü|len: *das Geschirr spülen*

Spur, die (die Spuren): 1. Abdruck; Fährte: *Sie folgen den Spuren im Schnee.* 2. Anhaltspunkt; Anzeichen. 3. Fahrstreifen

spü|ren: empfinden, fühlen; wahrnehmen: *Mario spürt den kalten Wind im Gesicht.*

st

Stab, der (die Stäbe): Stange; Stock: *die Stäbe des Gitters; Zauberstab*

stach: ⇨ stechen

Sta|chel, der (die Stacheln): 1. *Der Kaktus hat Stacheln.* 2. *Ein Igel hat Stacheln.*

sta|che|lig (*auch* stachlig): mit Stacheln; voller Stacheln

stach|lig: ⇨ stachelig

Stadt, die (die Städte): *Berlin ist eine große Stadt.*

stahl: ⇨ stehlen

Stamm, der (die Stämme): 1. *Baumstamm.* 2. *Indianerstamm.* 3. *Wortstamm*

stand: ⇨ stehen

Stand, der: 1. (ohne Mehrzahl): *Beim Stand von 2:2 wurde das Spiel abgebrochen.* 2. (die Stände): *Marktstand*

stän|dig: sehr oft und immer wieder; andauernd

Stan|ge, die (die Stangen): Stab; Stock

Stän|gel, der (die Stängel): *Die Rosen haben lange Stängel mit vielen Dornen.*

stank: ⇨ stinken

Sta|pel, der (die Stapel): ordentlich aufgeschichteter Stoß, Haufen: *Holzstapel*

Star, der: 1. (die Stare): Singvogel. 2. (die Stars):

185

starb

jemand, der sehr berühmt ist

starb: ⇨ sterben

stark (stärker, am stärksten): **1.** *starke Arme.* **2.** *Sie hat starke Nerven.* **3.** dick; fest: *eine starke Mauer*

Stär|ke, die: **1.** (ohne Mehrzahl): körperliche Kraft. **2.** (die Stärken): *Ich brauche eine Brille mit meiner neuen Sehstärke.*

Start, der (die Starts): **1.** Beginn, z. B. eines Wettrennens. **2.** Stelle, an der ein Start stattfindet. **3.** Abflug: *Der Start des Flugzeugs verzögert sich.*

star|ten: 1. *Tina ist gut bei dem Rennen gestartet.* **2.** abfliegen

Sta|ti|on, die (die Stationen): **1.** Haltestelle; kleiner Bahnhof. **2.** *Paul liegt im Krankenhaus auf der Kinderstation.* **3.** *In der Antarktis gibt es internationale Forschungsstationen.*

Staub, der (die Staube, *auch* die Stäube): *Auf den Büchern liegt Staub; Staub wischen*

stau|big: voll Staub: *Die Möbel sind staubig.*

stau|nen: überrascht sein; beeindruckt sein; verwundert sein

ste|chen (sie sticht, er stach, sie hat gestochen): **1.** (*auch* sich): *sich an den Dornen der Rose stechen.* **2.** *Eine Wespe hat mich gestochen.* **3.** *mit einer Nadel durch den Stoff stechen*

ste|cken: 1. *einen Brief in den Umschlag stecken.* **2.** *im Schlamm stecken*

Stempel

bleiben. **3.** *Der Schlüssel steckt im Schloss.*

ste|hen Ⓜ (sie steht, er stand, sie hat/ist gestanden): **1.** *auf einem Bein stehen.* **2.** *Das Buch steht im Regal.* **3.** *Die Ampel steht auf Rot.* **4.** *Die Uhr ist stehen geblieben.*

steh|len Ⓜ (sie stiehlt, er stahl, sie hat gestohlen): etwas, das anderen gehört, ohne deren Erlaubnis an sich bringen

steht: ⇨ stehen

steif: wenig biegsam, beweglich: *Er hat einen steifen Hals. Wir brauchen einen steifen Karton.*

stei|gen (sie steigt, er stieg, sie ist gestiegen): *auf einen Berg steigen; in eine Grube steigen; über einen Zaun steigen; aufs Fahrrad steigen*

steigt: ⇨ steigen

steil: stark ansteigend oder stark abfallend: *Es führt nur ein steiler Weg den Berg hinunter.*

Stein ②, der (die Steine): **1.** *Steine ins Wasser werfen.* **2.** *mit Steinen eine Wand mauern.* **3.** *den Stein aus der Aprikose entfernen.* **4.** *Spielstein* (z. B. beim Mühlespiel)

stei|nig ⊕: mit vielen Steinen bedeckt: *Der Weg war steinig.*

Stel|le ☺, die (die Stellen): **1.** bestimmter Ort, Platz: *Das ist eine gute Stelle, um ein Picknick zu machen.* **2.** Arbeit; Arbeitsplatz: *Mein Papa hat eine neue Stelle.*

stel|len: 1. *das Buch ins Regal stellen.* **2.** *den Wecker stellen.* **3.** *Fragen stellen.* **4.** (sich): *Stell dich zu den anderen Kindern.*

Stem|pel, der (die Stempel): **1.** Gerät mit einer Metall-, Gummi- oder Holzplatte mit spiegelbild-

sterben

lichem, z. B. auf Papier übertragbarem Bild. **2.** Abdruck eines Stempels. **3.** mittlerer Teil einer Blüte

ster|ben (sie stirbt, er starb, sie ist gestorben): aufhören zu leben

Stern 2 , der (die Sterne): **1.** *Die Sterne leuchten am Himmel.* **2.** *Wir müssen noch Weihnachtssterne basteln.*

Steu|er 8 , das (die Steuer): Vorrichtung, mit der man ein Fahrzeug steuern, lenken kann: *am Steuer eines Autos sitzen*

steu|ern: 1. die Richtung eines Fahrzeugs bestimmen; lenken: *ein Boot steuern.* **2.** *Der Computer steuert das Fließband.*

Steu|er|rad , das (die Steuerräder): Lenkrad

Stich, der (die Stiche): **1.** Stoß mit einem spitzen Gegenstand, mit etwas Spitzem: *Mückenstich.* **2.** *Er hat die zwei Teile mit großen Stichen zusammengenäht.*

sticht: ⇨ stechen

Stich|wort , das: **1.** (die Stichworte): Gedächtnishilfe, die man sich aufschreibt. **2.** (die Stichwörter): Wort, das in einem Lexikon oder Wörterbuch behandelt wird und meist in alphabetischer Reihenfolge steht

Sti|cker 9 , der (die Sticker): selbstklebendes Abziehbild

Stie|fel 6 , der (die Stiefel): Schuh, dessen Oberteil mindestens bis über den Fußknöchel reicht: *Im Winter trage ich Stiefel.*

stieg: ⇨ steigen

stiehlt: ⇨ stehlen

Stiel, der (die Stiele): **1.** besonders bei Blumen der Stängel: *Rosen mit langen Stielen.* **2.** langer

Stock

Griff; Stange: *Die heiße Pfanne musst du am Stiel anfassen.*

stieß: ⇨ stoßen

Stift, der (die Stifte): Schreib- und Zeichengerät: *Bleistift.*

still ☺: ohne ein Geräusch; ruhig

Stil|le ☺, die (ohne Mehrzahl): Zustand, der nicht von lauten und unangenehmen Geräuschen gestört wird; Ruhe

Stim|me ☺, die (die Stimmen): **1.** *Fische haben keine Stimme.* **2.** *Opa hat eine tiefe Stimme.* **3.** Entscheidung bei einer Wahl oder Abstimmung: *Sie gab dem Kandidaten ihre Stimme.*

stim|men ☺: **1.** den Tatsachen entsprechen: *Das Ergebnis der Rechnung stimmt.* **2.** seine Stimme abgeben: *Ich stimme für den Vorschlag.*

Stim|mung ☺, die (die Stimmungen): *Auf dem Fest herrscht eine fröhliche Stimmung.*

stin|ken (es stinkt, es stank, es hat gestunken): sehr schlecht riechen

stinkt: ⇨ stinken

stirbt: ⇨ sterben

Stirn, die (*auch* die Stirne; die Stirnen): oberer Teil des Gesichts zwischen Augenbrauen und Haaransatz

Stirn|band ⊕ 6 , das (die Stirnbänder): um den Kopf getragenes, anliegendes Band

Stir|ne, die (die Stirnen): ⇨ Stirn

stö|bern: durchwühlen; herumsuchen

Stock ☺, der (die Stöcke): **1.** *Spazierstock; Zeigestock.* **2.** Etage, die höher liegt als das Erdgeschoss: *Familie Meier wohnt im 4. Stock.*

Stoff, der (die Stoffe):
1. *Sie trägt eine Hose aus dünnem Stoff.* 2. *Rohstoff; Klebstoff*

stöh|nen ⓜ: *Er stöhnt laut vor Schmerzen.*

stol|pern: beim Gehen oder Laufen mit dem Fuß hängen bleiben: *Er ist über seine eigenen Füße gestolpert.*

stolz: 1. *Paul ist stolz auf sein gutes Zeugnis.* 2. eingebildet

Storch, der (die Störche): weißer Schreitvogel

stö|ren: 1. *Wir dürfen Papa nicht bei der Arbeit stören.* 2. *Mich stört es, wenn es hier so laut ist.*

sto|ßen (du stößt, sie stößt, er stieß, sie hat/ist gestoßen): 1. *Er hat Tim zur Seite gestoßen.* 2. *das Messer in den Holzpfosten stoßen*

stößt: ⇨ stoßen

stot|tern: abgehackt sprechen; stockend reden; stammeln

Stra|fe, die (die Strafen): Maßregelung; Sühne; Vergeltung

Strahl ⓜ, der (die Strahlen): *Sonnenstrahl; Wasserstrahl*

Sträh|ne ⓜ, die (die Strähnen): Haarbüschel; Haarstrang

stram|peln: 1. zappeln; herumhampeln. 2. beim Fahrradfahren in die Pedale treten

Strand →, der (die Strände): Rand eines Gewässers

Stra|ße 8 , die (die Straßen): *mit dem Auto auf einer Straße fahren*

sträu|ben Ⓜ: (*auch* sich): **1.** *Vor Angst sträuben sich ihm die Haare.* **2.** (sich): sich gegen etwas wehren, widersetzen: *Er sträubt sich, mitzukommen.*

Strauch, der (die Sträucher): Busch: *dornige Sträucher; Rosenstrauch*

Strauß, der: **1.** (die Sträuße): *Blumenstrauß.* **2.** (die Strauße): flugunfähiger, großer, langbeiniger Laufvogel

Stre|cke ☺, die (die Strecken): Stück, Abschnitt eines Weges: *Sie haben schon eine ganz schöne Strecke des Weges zurückgelegt.*

stre|cken ☺: **1.** *Die Schüler strecken eifrig die Finger.* **2.** (sich): *Der Hund reckt und streckt sich, bevor er aufsteht.*

Streich, der (die Streiche): *Die Schüler spielen ihrem Lehrer einen Streich, aber er fällt nicht darauf rein.*

strei|cheln: *den Hund streicheln*

strei|chen (sie streicht, er strich, sie hat/ist gestrichen): **1.** Farbe auftragen: *die Wände frisch streichen.* **2.** *Butter aufs Brot streichen.* **3.** durchstreichen; ausstreichen: *Ihr könnt die Aufgabe streichen.*

streicht: ⇨ streichen

Strei|fen, der (die Streifen): **1.** *ein Streifen Papier.* **2.** *Die Bluse hat bunte Streifen.*

streiten

strei|ten (sie streitet, er stritt, sie hat gestritten): (*auch* sich): *Sie stritt sich mit ihrem kleinen Bruder.*

strei|tet: ⇨ streiten

streng: keine Milde zeigend; auf Ordnung und Disziplin bedacht: *ein strenger Lehrer*

strich: ⇨ streichen

Strich, der (die Striche): eine mit einem Stift gezogene Linie

stri|cheln: 1. eine durchbrochene Linie zeichnen: - - -. **2.** einen Umriss mit dünnen Linien füllen; schraffieren

Strick ☺**,** der (die Stricke): dickeres Seil; dickere Schnur

stritt: ⇨ streiten

Strom, der (die Ströme): elektrischer Strom: *ein schwacher Strom*

Stro|phe Ⓜ**,** die (die Strophen): Abschnitt eines Gedichts, eines Liedes

Strumpf Ⓜ 6 **,** der (die Strümpfe): *Sie hat ein Loch im Strumpf.*

Stück ☺**,** das (die Stücke): **1.** Teil von einem Ganzen: *ein Stück Brot.* **2.** *vier Stück Zucker.* **3.** *Theaterstück*

Stu|fe, die (die Stufen): **1.** *Treppenstufe.* **2.** *Schwierigkeitsstufe*

Stuhl Ⓜ 7, 9 **,** der (die Stühle): Sitzmöbel mit Lehne

stumm ☺**: 1.** nicht sprechen können: *Sie ist von Geburt an stumm.* **2.** ohne Worte; wortlos

stumpf Ⓜ**:** nicht scharf; nicht spitz; nicht gut schneidend: *Das Messer ist stumpf.*

Stun|de, die (die Stunden): **1.** Zeitspanne von 60 Minuten. **2.** *Unterrichtsstunde*

stur: eigensinnig; störrisch: *ein sturer Esel*

Sturm, der (die Stürme): starker Wind

Sturz, der (die Stürze): das Fallen; das Stürzen: *ein Sturz mit dem Fahrrad*

stür|zen (du stürzt): hinfallen; hinunterfallen

stüt|zen ☺ (du stützt): **1.** abstützen; Halt geben; unterstützen. **2.** (sich): *Großvater stützt sich auf seinen Stock.*

su

Su|che, die (die Suchen): *Sie sind auf der Suche nach ihrem entlaufenen Hund.*

su|chen: 1. *den verlorenen Schlüssel suchen; Pilze suchen.* **2.** *Rat suchen*

Sü|den, der (ohne Mehrzahl): **1.** Himmelsrichtung. **2.** Landesteil oder Länder, die im Süden liegen: *Italien liegt im Süden Europas.*

süd|lich 🌐: **1.** im Süden liegend: *Das Schloss steht am südlichen Rand der Stadt.* **2.** nach Süden gerichtet: *Wir müssen uns südlicher orientieren.*

Sum|me ☺, die (die Summen): **1.** Ergebnis beim Zusammenzählen. **2.** *Beim Weihnachtsbasar haben sie die Summe von 100 Euro eingenommen.*

sum|men ☺: **1.** *Bienen summen.* **2.** eine Melodie ohne Wörter und mit geschlossenen Lippen singen

Sup|pe ☺, die (die Suppen): Speise: *Nudelsuppe*

süß: 1. *Diese Schokolade schmeckt süß.* **2.** *Ist das Baby nicht süß?*

Szene

sz

Sze|ne Ⓜ, die (die Szenen): kurzer Abschnitt, z. B. eines Filmes, eines Bühnenstücks.

T

t: Abkürzung für ⇨ Tonne

t

Du sprichst ein Wort am Anfang wie *t* aus, kannst es aber unter *t* nicht finden. Dann suche auch unter *th*.
Beispiele: *das Theater; das Thermometer; der Thron*

ta

Ta|bel|le ☺, die (die Tabellen): Zusammenstellung, z. B. von Zahlen, in Spalten: *die Ergebnisse in eine Tabelle eintragen*

Ta|fel 9 , die (die Tafeln): 1. *Der Lehrer schreibt mit Kreide an die Tafel.* 2. *eine Tafel Schokolade*

Tag ⇨, der (die Tage): 1. Zeitraum von Sonnenaufgang bis Sonnenuntergang. 2. Zeitraum von 24 Stunden

täg|lich ⚥: jeden Tag: *Tobias trainiert täglich.*

Tal, das (die Täler): *Zwischen zwei Bergen liegt ein Tal.*

Tan|ne ☺, die (die Tannen): Nadelbaum

Tan|te 4 , die (die Tanten): Schwester der Mutter oder des Vaters

tan|zen (du tanzt): meist sich zu Musik bewegen

Ta|pe|te 7 , die (die Tapeten): meistens Papier, mit dem Wände beklebt werden, um sie zu verschönern

tap|fer: 1. ohne Furcht; mutig: *ein tapferer Held.*

tauchen

2. *Sophia war beim Arzt sehr tapfer.*

Ta|sche 6, die (die Taschen): **1.** *Einkaufstasche.* **2.** *Hosentasche*

Tas|se ☺, die (die Tassen): kleines Trinkgefäß: *eine Tasse Kakao trinken*

Tas|te, die (die Tasten): etwas Längliches zum Drücken bei Musikinstrumenten oder beim Computer: *Klaviertaste*

tas|ten: 1. mit der Hand vorsichtig befühlen, berühren: *nach dem Lichtschalter tasten.* **2.** (sich): sich vorsichtig irgendwohin bewegen: *Sie tastet sich im Dunkeln ins Bad.*

tat: ⇨ tun

Tat, die (die Taten): etwas, das jemand tut, getan hat

tat|säch|lich ⊕: wirklich

Tat|ze ☺, die (die Tatzen): Pfote, z. B. bei Katzen und Hunden

Tau, das (die Taue): starkes Seil, besonders zum Festmachen von Schiffen

Tau, der (ohne Mehrzahl): Feuchtigkeit, die sich meist frühmorgens auf Wiesen und Bäumen niederschlägt

taub ⇨: gehörlos

Tau|be, die (die Tauben): Vogel

tau|chen: 1. unter Wasser gehen: *Stefan ist nach*

tauen

dem verlorenen Ring getaucht. **2.** den Pinsel in die Farbe tauchen

tau|en: zu Wasser werden: *Der Schnee taut in der Sonne.*

tau|fen: *Das Baby wird von unserem alten Pfarrer getauft.*

tau|schen: 1. etwas hergeben und dafür etwas anderes bekommen. **2.** *Für heute tauschen wir die Plätze.*

täu|schen Ⓜ: absichtlich einen falschen Eindruck entstehen lassen; irreführen: *Lass dich nicht durch sein Lächeln täuschen.*

tau|send ⇒: *tausend Knöpfe; tausend Dank*

Tau|send ⇒, die (die Tausende): *viele Tausend Glühwürmchen*

Ta|xi Ⓜ 8 , das (die Taxis): Auto, in dem Personen gegen Bezahlung an einen bestimmten Ort gebracht werden: *ein Taxi rufen*

te

Tee Ⓜ 3 , der (die Tees): *ein Päckchen Tee; heißer Tee mit Zitrone*

Teich, der (die Teiche): kleiner See

Teig ⇒, der (die Teige): weiche Masse, die aus verschiedenen Zutaten hergestellt wird: *den Kuchenteig rühren*

Teil, der (*auch* das Teil; die Teile): ein Stück vom Ganzen

tei|len: 1. *Ich teile den Apfel in zwei Hälften.* **2.** *Sie teilt die Bonbons mit ihrem Bruder.* **3.** *eine Zahl durch eine andere teilen.* **4.** *Die Schwestern teilen ein Zimmer.* **5.** (sich): *Lena und Sophie haben sich die Schokolade geteilt.*

Te|le|fon, das (die Telefone): **1.** Gerät zum Telefonieren: *das schnurlose Telefon.* **2.** Telefonanschluss: *Sie sind gerade umgezogen und haben noch kein Telefon.*

te|le|fo|nie|ren: über das Telefon mit jemandem sprechen: *Tom telefoniert mit David.*

Tel|ler ☺, der (die Teller): *Suppenteller; Kuchenteller*

Tem|pe|ra|tur Ⓜ, die (die Temperaturen): Wärme der Luft oder eines Körpers: *Die Wassertemperatur beträgt heute 18 ˚C. Sie hat Temperatur (Fieber).*

Tep|pich ☺ 7 , der (die Teppiche): Fußbodenbelag

Ter|min, der (die Termine): festgesetzter Zeitpunkt; Tag, Uhrzeit für eine bestimmte Tätigkeit oder ein Treffen: *Er hat heute einen Termin beim Arzt.*

Test, der (die Tests, *auch* die Teste): Versuch, um Leistungen oder Eigenschaften von etwas oder jemandem festzustellen; Probe: *Wir schreiben heute einen Test in Mathe.*

tes|ten: jemanden oder etwas prüfen; eine Probe machen

teu|er: viel Geld kostend; nicht billig sein: *Das neue Fahrrad war teuer.*

Text Ⓜ, der (die Texte): *den Text vorlesen; einen Text verfassen*

th

Thea|ter Ⓜ, das: **1.** (die Theater): Gebäude, in dem Theaterstücke aufgeführt werden. **2.** (ohne Mehrzahl): Aufführung eines Schauspiels; Vorstel-

Thermometer

lung: *Das Theater beginnt um 15 Uhr.*

Ther|mo|me|ter Ⓜ, das (die Thermometer): Gerät zum Messen der Temperatur: *Fieberthermometer*

Thron Ⓜ, der (die Throne): *Der Kaiser sitzt auf seinem Thron.*

ti

ti|cken ☺: *Die Uhr tickt laut.*

tief: 1. *ein tiefer Brunnen.* **2.** *sich tief in den Finger schneiden.* **3.** *eine tiefe Stimme.* **4.** *Dornröschen fiel in einen tiefen Schlaf.*

Tier, das (die Tiere): Lebewesen: *Es gibt wilde und zahme Tiere.*

Ti|ger Ⓜ 1 , der (die Tiger): sehr kräftige Raubkatze mit schwarzen Streifen im Fell

Tin|te 9 , die (die Tinten): Flüssigkeit zum Schreiben: *mit roter Tinte schreiben*

Tipp ♀, der (die Tipps): Hinweis; guter Rat: *einen Tipp geben*

tip|pen ☺: **1.** jemanden oder etwas mit dem Finger oder Fuß leicht berühren: *Sie hat ihn auf die Schulter getippt.* **2.** an der Schreibmaschine, am Computer schreiben: *einen Text tippen*

Tisch 7, 9 , der (die Tische): *Schreibtisch; Esstisch*

to

to|ben: 1. herumtollen; herumspringen: *Die Kinder toben im Garten.* **2.** *Der Hausmeister tobt vor Wut.*

Toch|ter 4 , die (die Töchter): weibliches Kind

Tod ⇨, der (die Tode): das Sterben; das Ende des Lebens

Toi|let|te Ⓜ 7 , die (die Toiletten): WC: *Sie muss ganz dringend auf die Toilette.*

toll ☺: großartig; sehr schön: *Er hat ein tolles Fahrrad.*

To|ma|te 3 , die (die Tomaten): *An der Tomatenpflanze hingen vier reife, ganz rote Tomaten.*

Ton, der: **1.** (die Töne): Laut; Geräusch; Klang: *tiefe Töne.* **2.** etwas in einem freundlichen Ton sagen. **3.** (die Töne): Farbton. **4.** (die Tone): lehmartige Masse, aus der Geschirr, Töpfe und Kacheln hergestellt werden

Ton|ne ☺, die (die Tonnen): **1.** großer Behälter: *Regentonne.* **2.** *1000 kg sind eine Tonne.*

Topf, der (die Töpfe): **1.** Gefäß mit Deckel zum Kochen: *einen Topf mit Wasser erhitzen.* **2.** Gefäß zum Aufbewahren: *Milchtopf; Nachttopf*

Tor, das (die Tore): **1.** eine große Tür oder Öffnung: *Stadttor.* **2.** Kasten, in den z. B. bei Fußball, Handball oder Hockey der Ball gebracht werden muss: *ein Tor schießen*

Tor|te 3 , die (die Torten): feiner Kuchen: *Sahnetorte*

tot: gestorben; nicht lebendig

To|te, der (die Toten): männliche Person, die gestorben ist

To|te, die (die Toten): weibliche Form zu ⇨ der Tote

tö|ten: 1. einem Menschen oder einem Tier das Leben nehmen. **2.** (sich): sich das Leben nehmen

tr

traf: ⇨ treffen

tra|gen (sie trägt, er trug, sie hat getragen): **1.** *Sie*

trägt

trug die schwere Einkaufstasche nach Hause. **2.** Sie trägt einen roten Pullover.

trägt: ⇨ tragen

trai|nie|ren Ⓜ: planmäßig üben: *Leon trainiert jeden Tag für seinen nächsten Wettkampf.*

tram|peln: heftig auftreten; stampfen

Trä|ne Ⓜ**,** die (die Tränen): Wassertropfen, der aus dem Auge kommt: *Lilo rollen die Tränen über die Wangen.*

trank: ⇨ trinken

trat: ⇨ treten

Trau|be, die (die Trauben): Weintraube: *1 Kilo Trauben, bitte.*

trau|en: 1. Vertrauen haben; Glauben schenken. **2.** verheiraten: *Der Standesbeamte hat sie getraut.* **3.** (sich): den Mut haben, etwas zu tun: *David traut sich, vom 5-Meter-Brett zu springen.*

Trau|er, die (ohne Mehrzahl): seelischer Schmerz über ein Unglück

Traum, der (die Träume): **1.** Bilder und Vorstellungen, die auftreten, wenn man schläft. **2.** ein sehnlicher, aber unerfüllter Wunsch

träu|men 💡: **1.** einen Traum haben. **2.** mit den Gedanken woanders sein: *Träum nicht vor dich hin, sondern pass auf.* **3.** wünschen: *Sie träumt von einem Urlaub am Meer.*

trau|rig ⇒: **1.** bedrückt; bekümmert: *Er macht ein trauriges Gesicht.*

trocknen

2. schmerzlich; beklagenswert: *eine traurige Nachricht*

tref|fen ☺ (sie trifft, er traf, sie hat getroffen): **1.** *ins Tor treffen.* **2.** *einen Freund treffen.* **3.** (sich): *Wir trafen uns in der Stadt.*

tren|nen ☺: **1.** auseinanderbringen: *das Eigelb vom Eiweiß trennen.* **2.** *Eine Hecke trennt die beiden Grundstücke.* **3.** (sich): auseinandergehen: *Die Mannschaften trennten sich 1:0.*

Trep|pe ☺ 7 , die (die Treppen): Aufgang oder Abgang aus Stufen: *Die Treppe führt bis zur Turmspitze hoch.*

tre|ten (du trittst, sie tritt, er trat, sie hat/ist getreten): **1.** ein paar Schritte machen: *Ich bin zur Seite getreten.* **2.** *auf die Brille treten.* **3.** jemandem oder etwas einen Tritt geben: *gegen die Tür treten.* **4.** *auf die Bremse treten*

treu: beständig; zuverlässig: *ein treuer Freund*

Trick ☺, der (die Tricks): **1.** List; Kunstgriff: *Zaubertrick.* **2.** Kniff: *Es gibt einen Trick, um sich Arbeit zu sparen.*

trifft: ⇨ treffen

trin|ken (sie trinkt, er trank, sie hat getrunken): Flüssigkeit zu sich nehmen: *viel trinken; Milch trinken*

trinkt: ⇨ trinken

tritt: ⇨ treten

Tritt ☺, der (die Tritte): **1.** Schritt. **2.** Stoß mit dem Fuß: *Fußtritt*

tro|cken ☺: nicht nass; nicht feucht

trock|nen ⚢: **1.** trocken werden: *Ihre Haare trocknen schnell.* **2.** etwas trocken machen: *mit einem Föhn die Haare trocknen*

Trommel

Trom|mel ☺, die (die Trommeln): Schlaginstrument: *die Trommel schlagen*

trom|meln ☺: 1. eine Trommel schlagen. 2. *Leo hat mit den Fäusten gegen die Tür getrommelt.*

Trom|pe|te, die (die Trompeten): Blasinstrument: *die Trompete blasen*

tröp|feln: 1. in kleinen Tropfen fallen (lassen): *Hustensaft auf den Löffel tröpfeln.* 2. leicht regnen; nieseln

trop|fen: in Tropfen fallen (lassen); herunterfließen

Trop|fen, der (die Tropfen): kleine Menge Flüssigkeit, die zusammenbleibt: *Regentropfen*

trös|ten: 1. *Die Mutter tröstet das weinende Kind.* 2. (sich): sich beruhigen

trotz Ⓜ: *Trotz des schlechten Wetters gehen wir wandern.*

trotz|dem Ⓜ: *Er hat keine Lust, trotzdem macht er seine Hausaufgaben.*

trug: ⇨ tragen

Trup|pe ☺, die (die Truppen): Gruppe: *eine Truppe von Schauspielern*

ts

tsch

Du sprichst ein Wort am Anfang wie *tsch* aus, kannst es aber unter *tsch* nicht finden. Dann suche auch unter *c* oder *ch*.
Beispiel: *der Champion*

T-Shirt Ⓜ , das (die T-Shirts): kurzärmliges

Oberteil: *Er trägt immer T-Shirt und Jeans.*

tu

Tu|be, die (die Tuben): kleiner Behälter, aus dem man den Inhalt herauspresst: *Zahnpastatube*

Tuch 6 , das (die Tücher): ein Stück Stoff: *Kopftuch*

Tul|pe 2 , die (die Tulpen): Frühlingsblume: *ein Strauß Tulpen*

tun (sie tut, er tat, sie hat getan): **1.** *So etwas tut er nicht.* **2.** *Unser Hund tut nichts.* **3.** *Sie taten ganz geheimnisvoll.*

Tun|nel ☺ 8 , der (die Tunnel, *auch* die Tunnels): unterirdischer Weg: *einen Tunnel graben*

tup|fen: *Sie tupft ganz vorsichtig etwas Salbe auf die Wunde.*

Tür, die (die Türen): Eingang; Durchgang: *Haustür; die Tür öffnen*

Tür|kei, die: Land, das zu Europa und zu Asien gehört

tür|kisch ⊕: alles, was sich auf die Türkei bezieht oder von dort stammt: *die türkische Sprache*

Turm, der (die Türme): hohes Bauwerk: *Leuchtturm; Kirchturm*

tur|nen: *Sie turnen heute im Sportunterricht am Barren und am Kasten.*

tu|scheln: flüstern; leise miteinander sprechen: *Lisa und Marie tuscheln hinter dem Rücken von Sophie.*

tut

tut: ⇨ tun
Tü|te, die (die Tüten): Tasche; Beutel: *eine Tüte Bonbons*

U

ub

U-Bahn Ⓜ 8 , die (die U-Bahnen): Kurzform für ⇨ Untergrundbahn
übel: 1. unschön; schlimm: *ein übler Trick.* 2. schlecht; unwohl: *Mir ist übel.*
üben: *Wir üben für den Englischtest. Sie übt täglich auf dem Klavier.*

über-

Der Wortbaustein *über-* kommt in vielen Wörtern vor, z. B. in *überreden, Überschrift, überflüssig.*

über: 1. *Die Lampe hängt über dem Tisch.* 2. *eine Decke über den Tisch legen.* 3. *Sie geht vorsichtig über die Straße.* 4. *Sie muss über seine Witze lachen.*
über|ei|nan|der 🌐: *Sie trägt zwei T-Shirts übereinander.*
über|flüs|sig →: überzählig; unnötig
über|haupt Ⓜ: 1. *Er hat überhaupt kein Verständnis.* 2. *Was machst du überhaupt hier?*
über|le|gen 🌐: sich Gedanken über etwas machen: *Überleg dir das gut.*
Über|ra|schung Ⓜ, die (die Überraschungen): *Zu seinem Geburtstag haben*

umdrehen

wir eine Überraschung geplant.

über|re|den ⊕: *Sie überredeten ihn, doch ins Schwimmbad mitzukommen, obwohl er keine Lust hatte.*

Über|schrift ⊕, die (die Überschriften): das, was über einem Text steht

üb|rig →: noch vorhanden; noch da

üb|ri|gens Ⓜ: nebenbei gesagt; nebenbei bemerkt

Übung, die: **1.** (ohne Mehrzahl): *Übung macht den Meister.* **2.** (die Übungen): *Ihr macht die Übungen im Buch auf Seite 20.* **3.** (die Übungen): *Er turnt seine Übung am Reck vor.*

uf

Ufer, das (die Ufer): Begrenzung eines Gewässers durch Land: *Sie sind ans andere Ufer geschwommen.*

uh

Uhr Ⓜ ⟦6, 7⟧, die: **1.** (die Uhren): Zeitmessgerät. **2.** (ohne Mehrzahl): *Wie viel Uhr ist es?*

um

um: 1. *Das Spiel beginnt um zehn Uhr.* **2.** *Die Zeit ist um.* **3.** *Die Geschwister streiten um die Bonbons.* **4.** *Er kommt, um zu helfen.*

um-

Der Wortbaustein *um-* kommt in vielen Wörtern vor, z. B. in *umhängen, umtauschen, Umschlag.*

um|dre|hen ⊕: **1.** etwas auf die andere Seite drehen; wenden. **2.** *Als es dunkel wurde, drehten sie um und gingen wieder nach Hause.* **3.** (sich): *Leon dreht sich zu seinem*

umgezogen

Freund um. Er sitzt in der hinteren Reihe.
um|ge|zo|gen: ⇨ umziehen
um|hän|gen 🔊: *eine Tasche umhängen; eine Kette umhängen*
Um|lei|tung 🔊, die (die Umleitungen): **1.** das Umleiten. **2.** *Die Umleitung ist ausgeschildert.*

Um|schlag 🔊, der (die Umschläge): **1.** Bucheinband. **2.** *einen Brief in einen Umschlag stecken; Briefumschläge.* **3.** Wickel: *Dein Knöchel ist geschwollen. Ich mache dir einen kalten Umschlag.*
um|sonst: 1. kostenlos: *Die Bonbons waren umsonst.* **2.** *Wir sind umsonst gekommen, es ist niemand zu Hause.*
um|tau|schen 🔊: etwas zurückgeben und dafür etwas anderes bekommen: *Nach Weihnachten werden viele Geschenke umgetauscht.*
Um|weg 🔊, der (die Umwege): Weg, der länger ist als der direkte Weg: *Wir mussten einen Umweg machen.*
Um|welt 🔊, die (ohne Mehrzahl): Umgebung, in der wir leben; Lebensraum; Natur: *Wir müssen die Umwelt schützen.*
um|zie|hen 🔊 (sie zieht um, er zog um, sie hat/ist umgezogen): **1.** z. B. in eine andere Wohnung ziehen: *Wir sind umgezogen.* **2.** (*auch* sich): andere Kleider anziehen: *Sie hat das Kind umgezogen, weil es sich schmutzig gemacht hat.*

un

un-

> Der Wortbaustein *un-* kommt in vielen Wörtern vor, z. B. in *unglücklich, Unglück, Unsinn.*

un|be|dingt: **1.** ohne Einschränkung: *jemandem unbedingt vertrauen.* **2.** unter allen Umständen: *Sie will unbedingt reiten lernen.*

un|be|quem: nicht bequem: *Der Sessel ist unbequem.*

und: *Eltern und Kinder; schwarz und weiß*

un|deut|lich: ungenau; unklar: *Sie spricht undeutlich. Ich kann das Haus auf dem Foto nur undeutlich erkennen.*

un|ent|schie|den: 1. noch nicht entschieden; unsicher: *Es ist noch unentschieden, was wir heute unternehmen.* **2.** punktgleich; ohne Sieger und ohne Verlierer: *Das Spiel endete unentschieden.*

Un|fall, der (die Unfälle): *Sie hatte einen Unfall mit dem Auto.*

un|ge|dul|dig: nicht geduldig; ohne Geduld

un|ge|fähr: etwa; nicht genau, geschätzt

Un|glück, das: **1.** (die Unglücke): schlimmes, trauriges Ereignis, das plötzlich und unerwartet geschieht. **2.** (ohne Mehrzahl): schlimme Lage: *Tu das nicht. Das bringt Unglück.*

un|glück|lich: bedrückt; traurig

un|heim|lich: 1. ein Gefühl der Angst hervorrufend: *In dem alten Schloss war ihnen unheimlich zumute.* **2.** sehr: *Sie freut sich unheimlich über unser Geschenk.*

Uniform

Uni|form Ⓜ, die (die Uniformen): einheitliche Bekleidung, z. B. bei Soldaten oder bei Polizisten

Uni|ted States of America Ⓜ, die (Mehrzahl): Vereinigte Staaten von Amerika

Un|kraut 🌐, das (ohne Mehrzahl): Pflanzen, die wild im Rasen, Gemüse- oder Blumenbeet aufgehen und als störend empfunden werden: *Unkraut jäten*

Un|sinn 🌐, der (ohne Mehrzahl): **1.** *Sie reden den ganzen Tag lang Unsinn.* **2.** Dummheiten: *Treibt nicht so viel Unsinn.*

uns, un|ser, un|se|re: *Das Auto gehört uns. Es ist unser Auto.*

un|ten: 1. *im Tal unten.* **2.** *Die Kiste hat unten ein Loch.* **3.** *Dreht das Blatt zuerst noch um. Die beschriebene Seite schaut nach unten.*

un|ter: 1. *etwas liegt unter dem Tisch.* **2.** *unter die Dusche gehen.* **3.** *Die Temperatur liegt unter dem Gefrierpunkt.* **4.** *Alle leiden unter der Hitze.*

unter-

> Der Wortbaustein *unter-* kommt in vielen Wörtern vor, z. B. in *unterbrechen, unternehmen, Unterschrift*.

un|ter|brach: ⇨ unterbrechen

un|ter|bre|chen 🌐 (sie unterbricht, er unterbrach, sie hat unterbrochen): **1.** für eine Zeit mit etwas aufhören. **2.** jemanden dazu bringen, mit dem Sprechen aufzuhören; jemandem ins Wort fallen

un|ter|bricht: ⇨ unterbrechen

un|ter|bro|chen: ⇨ unterbrechen

un|ter|ei|nan|der ⊕**: 1.** *Die Zahlen müssen genau untereinander hingeschrieben werden.* **2.** miteinander: *Die Kinder machen untereinander aus, was sie spielen wollen.*

Un|ter|grund|bahn ⊕, die (die Untergrundbahnen): Schienenfahrzeug, das in Tunneln unter der Erde fährt

un|ter|hält: ⇨ unterhalten

un|ter|hal|ten ⊕ (sie unterhält, er unterhielt, sie hat unterhalten): **1.** erfreuen; Vergnügen bereiten: *die Kinder mit Zaubertricks unterhalten.* **2.** (sich): ein Gespräch führen

un|ter|hielt: ⇨ unterhalten

un|ter|nahm: ⇨ unternehmen

un|ter|neh|men ⊕ (sie unternimmt, er unternahm, sie hat unternommen):
1. *Am Sonntag unternahmen wir eine Radtour.*
2. *Die Polizei unternimmt etwas gegen die Diebstähle.*

un|ter|nimmt: ⇨ unternehmen

un|ter|nom|men: ⇨ unternehmen

Un|ter|richt Ⓜ, der (ohne Mehrzahl): *Wir haben heute nur drei Stunden Unterricht.*

un|ter|rich|ten Ⓜ: jemandem etwas beibringen

un|ter|schei|den ⊕ (sie unterscheidet, er unterschied, sie hat unterschieden): **1.** *Die Zwillinge sind kaum zu unterscheiden.* **2.** (sich): sich abheben; verschieden sein

un|ter|schei|det: ⇨ unterscheiden

un|ter|schied: ⇨ unterscheiden

Unterschied

Un|ter|schied, der (die Unterschiede): Abweichung; Anderssein

un|ter|schie|den: ⇨ unterscheiden

Un|ter|schrift, die (die Unterschriften): Namenszeichen, das von jemandem zur Bestätigung des Inhalts z. B. unter ein Schriftstück gesetzt wird: *eine Unterschrift geben*

un|ter|strei|chen (sie unterstreicht, er unterstrich, sie hat unterstrichen): einen Strich unter ein Wort oder einen Satz ziehen

un|ter|streicht: ⇨ unterstreichen

un|ter|strich: ⇨ unterstreichen

un|ter|stri|chen: ⇨ unterstreichen

un|ter|stüt|zen (du unterstützt): helfen; sich für etwas einsetzen: *Die Klasse unterstützt den Tierschutzverein.*

un|ter|su|chen: 1. *Der Arzt untersucht den Patienten.* 2. etwas genau betrachten, beobachten

ur

Ur|kun|de, die (die Urkunden): Schriftstück, das ein besonderes Ereignis, einen Vertrag oder eine besondere Leistung bestätigt: *Geburtsurkunde; Siegerurkunde*

Ur|laub, der (die Urlaube): arbeitsfreie Zeit zur Erholung

Ur|sa|che, die (die Ursachen): eigentlicher Auslöser; Grund

Ur|wald, der (die Urwälder): unberührter, ursprünglicher Wald, den es

besonders in den Tropen gibt; Dschungel

us
USA Ⓜ, die (Mehrzahl): Abkürzung für ⇨ United States of America

V

va
Va|se Ⓜ 7, die (die Vasen): Gefäß, z. B. aus Glas oder Porzellan, für Blumen: *Blumen in eine Vase stellen*

Va|ter Ⓜ 4, der (die Väter): Mann, der mindestens ein Kind gezeugt hat

ve
Veil|chen Ⓜ 2, das (die Veilchen): Blume mit kleinen violetten Blüten, die stark duften

Ven|til Ⓜ 8, das (die Ventile): Vorrichtung, mit der das Einlassen oder Durchlassen von Flüssigkeiten oder Gasen gesteuert wird

ver-

Der Wortbaustein *ver-* kommt in vielen Wörtern vor, z. B. in *verbrennen, verstecken, Versuch, vernünftig.*

ver|ab|re|den 🌐: 1. etwas miteinander ausmachen. 2. (sich): ein Zusammen-

verabreden

211

verändern

treffen vereinbaren: *Tine hat sich mit Karla verabredet.*

ver|än|dern 🌐: **1.** etwas anders machen. **2.** (sich): anders werden; sich ändern

ver|an|stal|ten 🌐: etwas durchführen: *Unsere Schule veranstaltet ein Sportfest.*

ver|band: ⇨ verbinden

ver|bes|sern 🌐: **1.** etwas besser machen. **2.** (*auch* sich): einen Fehler beseitigen; etwas richtigstellen. **3.** (sich): besser werden; sich steigern: *David hat sich in Mathematik deutlich verbessert.*

ver|bie|ten 🌐 (sie verbietet, er verbot, sie hat verboten): nicht erlauben: *Betreten verboten!*

ver|bie|tet: ⇨ verbieten

ver|bin|den 🌐 (sie verbindet, er verband, sie hat/ist verbunden): **1.** eine Binde, einen Verband anlegen: *eine Wunde verbinden.* **2.** zusammenbringen; zusammenfügen: *die passenden Satzteile miteinander verbinden; die Seilenden miteinander verbinden*

ver|bin|det: ⇨ verbinden

ver|bot: ⇨ verbieten

Ver|bot 🌐, das (die Verbote): Anordnung, etwas nicht zu tun

ver|bo|ten: ⇨ verbieten

ver|brannt: ⇨ verbrennen

ver|brann|te: ⇨ verbrennen

Ver|bre|cher 🌐, der (die Verbrecher): jemand, der ein Verbrechen begangen hat

ver|bren|nen 🌐 (sie verbrennt, er verbrannte, sie hat/ist verbrannt): **1.** *Papier verbrennt zu Asche.* **2.** *Gartenabfälle verbrennen.* **3.** anbrennen: *Das Steak riecht verbrannt.*

verirren

4. (sich): *Paul hat sich die Finger verbrannt.*
ver|brennt: ⇨ verbrennen
ver|bun|den: ⇨ verbinden
ver|die|nen 🌐**: 1.** *In ihrem Beruf verdient sie viel Geld.* **2.** *Den Kuchen habt ihr euch verdient, weil ihr so fleißig gelernt habt.*
ver|fas|sen 🌐**:** einen Text überlegen und schriftlich ausarbeiten
Ver|fas|ser 🌐**,** der (die Verfasser): jemand, der einen Text geschrieben hat; Autor
ver|fol|gen 🌐**: 1.** *Die Polizisten verfolgen die Räuber mit dem Auto.* **2.** *Die Jäger verfolgten die Spur eines Wolfes im Schnee.*
Ver|gan|gen|heit 🌐**,** die (ohne Mehrzahl): frühere Zeit
ver|gaß: ⇨ vergessen
ver|ges|sen 🌐 (du vergisst, sie vergisst, er vergaß, sie hat vergessen): nicht mehr wissen; nicht mehr im Gedächtnis haben: *die Vokabeln vergessen; den Schlüssel vergessen*
ver|gisst: ⇨ vergessen
ver|glei|chen 🌐 (sie vergleicht, er verglich, sie hat verglichen): zwei oder mehr Dinge, Personen gegenüberstellen und dabei Unterschiede und Gleiches feststellen: *Preise vergleichen*
ver|gleicht: ⇨ vergleichen
ver|glich: ⇨ vergleichen
ver|gli|chen: ⇨ vergleichen
ver|gra|ben 🌐 (sie vergräbt, er vergrub, sie hat vergraben): *Der Hund hat den Knochen im Garten vergraben.*
ver|gräbt: ⇨ vergraben
ver|grub: ⇨ vergraben
ver|ir|ren 🌐 (sich): den falschen Weg gehen; sich verlaufen: *Hänsel und*

213

verkaufen

Gretel haben sich im Wald verirrt.

ver|kau|fen: etwas, eine Ware gegen Geld an jemand anders geben: *Vater hat unser altes Auto verkauft.*

Ver|käu|fer, der (die Verkäufer): jemand, der Ware verkauft

Ver|kehr, der (die Verkehre): Sammelbegriff für die Beförderung von Personen, Gütern und Nachrichten: *der öffentliche Nahverkehr; es herrscht viel Verkehr auf den Straßen.*

ver|klei|den (sich): ein Kostüm anziehen: *Ali hat sich als Clown verkleidet.*

ver|krie|chen (sich) (sie verkriecht sich, er verkroch sich, sie hat sich verkrochen): *Die Katze hat sich so erschreckt, dass sie sich unter das Sofa verkrochen hat.*

ver|kriecht: ⇨ verkriechen
ver|kroch: ⇨ verkriechen
ver|kro|chen: ⇨ verkriechen

ver|las|sen (du verlässt, sie verlässt, er verließ, sie hat verlassen): **1.** weggehen; sich entfernen: *Mutter hat heute schon früh das Haus verlassen.* **2.** (sich): jemandem vertrauen: *Ich verlasse mich darauf, dass du mir bei den Hausaufgaben hilfst.*

ver|lässt: ⇨ verlassen

ver|lau|fen (sie verläuft, er verlief, sie hat/ist verlaufen): **1.** *Die Tinte verläuft auf dem feuchten Papier.* **2.** (sich): sich verirren; vom richtigen Weg abkommen

ver|läuft: ⇨ verlaufen

ver|let|zen (du verletzt): **1.** jemanden verwunden. **2.** missachten; übertreten: *Er hat die Regeln verletzt.*

verrückt

3. (sich): sich eine Wunde zuziehen
ver|lie|ben ⊕ (sich): von Liebe zu jemandem ergriffen werden
ver|lief: ⇨ verlaufen
ver|lie|ren ⊕ (sie verliert, er verlor, sie hat verloren): **1.** *Sina kann ihren Schlüssel nicht finden. Sie muss ihn verloren haben.* **2.** *Unsere Fußballmannschaft hat das Spiel 3:0 verloren.*
ver|liert: ⇨ verlieren
ver|ließ: ⇨ verlassen
ver|lor: ⇨ verlieren
ver|lo|ren ⊕: ⇨ verlieren
ver|nünf|tig ⊕: **1.** einsichtig: *Für sein Alter ist das Kind schon sehr vernünftig. Es macht wenig Unsinn.* **2.** einleuchtend; sinnvoll; überlegt: *Das klingt vernünftig.*
ver|pa|cken ⊕: einhüllen; einwickeln: *Sie hat das Geschenk hübsch verpackt.*

ver|pas|sen ⊕ (du verpasst): *den Zug verpassen*
ver|rät: ⇨ verraten
ver|ra|ten ⊕ (sie verrät, er verriet, sie hat verraten): **1.** etwas erzählen, was geheim bleiben soll: *ein Geheimnis verraten.* **2.** (sich): *Er verriet sich durch seine eigenen Worte.*
ver|rech|nen ⊕ (sich): falsch rechnen

ver|riet: ⇨ verraten
ver|rückt Ⓜ: **1.** geistesgestört; irre. **2.** sonderbar; ungewöhnlich: *eine verrückte Idee; eine verrückte Frisur*

verschieden

ver|schie|den 🌐: anders; nicht gleich

ver|schla|fen 🌐: 1. (sie verschläft, er verschlief, sie hat verschlafen): zu lange schlafen; nicht pünktlich aufwachen. 2. *Er sah noch verschlafen aus, als er um 5 Uhr morgens zum Treffpunkt kam.*

ver|schläft: ⇨ verschlafen

ver|schlief: ⇨ verschlafen

ver|schrei|ben 🌐 (sie verschreibt, er verschrieb, sie hat verschrieben): 1. *Die Ärztin verschreibt dem Kind einen Hustensaft.* 2. (sich): einen Schreibfehler machen: *Beim Abschreiben des Textes hat er sich zweimal verschrieben.*

ver|schreibt: ⇨ verschreiben

ver|schrieb: ⇨ verschreiben

ver|schrie|ben: ⇨ verschreiben

ver|schwand: ⇨ verschwinden

ver|schwin|den 🌐 (sie verschwindet, er verschwand, sie ist verschwunden): 1. nicht mehr zu sehen sein: *Die Sonne verschwindet hinter den Bergen.* 2. nicht zu finden sein: *Meine Uhr ist verschwunden!*

ver|schwin|det: ⇨ verschwinden

ver|schwun|den: ⇨ verschwinden

ver|sprach: ⇨ versprechen

ver|spre|chen 🌐 (sie verspricht, er versprach, sie hat versprochen): 1. sein Wort geben; verbindlich zusagen. 2. (sich): einen Sprechfehler machen

ver|spricht: ⇨ versprechen

ver|spro|chen: ⇨ versprechen

ver|stand: ⇨ verstehen

Ver|stand Ⓜ, der (ohne Mehrzahl): Denkfähigkeit; Auffassungsgabe

ver|stan|den: ⇨ verstehen

ver|ständ|lich Ⓜ: **1.** deutlich: *eine verständliche Aussprache.* **2.** gut verstehbar; einleuchtend: *Er erklärt die Aufgabe verständlich.* **3.** begreiflich: *Sein Ärger war verständlich.*

Ver|steck 🌐, das (die Verstecke): Ort, an dem jemand oder etwas versteckt ist oder der sich gut dazu eignet: *die Beute ins Versteck bringen*

ver|ste|cken 🌐: **1.** *Sie hat ihr Tagebuch unter dem Bett versteckt.* **2.** (sich): *Der Hund hat sich unter dem Schrank versteckt.*

ver|ste|hen 🌐 (sie versteht, er verstand, sie hat verstanden): **1.** deutlich hören: *Ich verstehe dich gut. Du musst nicht lauter sprechen.* **2.** begreifen; erfassen: *Timo versteht die Aufgabe nicht.* **3.** sich einfühlen; sich hineindenken: *Ich kann gut verstehen, dass du dich ärgerst.* **4.** (sich): gut miteinander auskommen

ver|steht: ⇨ verstehen

Ver|such 🌐, der (die Versuche): **1.** *Das ist unser letzter Versuch, die beiden miteinander zu versöhnen.* **2.** Experiment; Test: *ein wissenschaftlicher Versuch*

ver|su|chen 🌐: **1.** *Tobias versucht die Aufgabe zu lösen. Hoffentlich schafft er es.* **2.** *Du musst unbedingt den Kuchen versuchen.*

ver|tei|len 🌐: **1.** *Sie verteilen Bonbons unter den Kindern.* **2.** *Du musst die Mandeln gleichmäßig auf dem Kuchen verteilen.* **3.** (sich): *Für das Spiel*

vertragen

müsst ihr euch im ganzen Raum verteilen.

ver|tra|gen (sie verträgt, er vertrug, sie hat vertragen): **1.** aushalten können: *Die Pflanze verträgt Frost.* **2.** (sich): ohne Streit miteinander auskommen

ver|trägt: ⇨ vertragen

ver|trau|en 🌐: sicher sein, dass man sich auf jemanden, auf etwas verlassen kann

ver|trug: ⇨ vertragen

ver|wan|deln 🌐: **1.** völlig verändern: *den Prinzen in einen Frosch verwandeln.* **2.** (sich): *Nach dem Regen hat sich die Wüste völlig verwandelt.*

ver|wandt Ⓜ: **1.** ⇨ verwenden. **2.** zu einer Familie gehörend; von gleicher Herkunft

ver|wand|te: ⇨ verwenden

Ver|wand|te Ⓜ 4 , der (die Verwandten): männliches Mitglied einer Familie (z. B. Onkel)

Ver|wand|te Ⓜ 4 , die (die Verwandten): weibliche Form zu ⇨ der Verwandte (z. B. Tante)

ver|wech|seln 🌐: vertauschen; durcheinanderbringen; nicht unterscheiden können

Ver|weis 🌐, der (die Verweise): Hinweis, dass die Informationen an einer anderen Stelle stehen

ver|wen|den 🌐 (sie verwendet, er verwendete, sie hat verwendet; *auch* sie verwendet, er verwandte, sie hat verwandt): benutzen; gebrauchen

ver|wen|det: ⇨ verwenden

Ver|zeich|nis 🌐, das (die Verzeichnisse): Liste; Übersicht

ver|zei|hen Ⓜ (sie verzeiht, er verzieh, sie hat verziehen): etwas nicht nachtragen; vergeben

voll

ver|zeiht: ⇨ verzeihen
ver|zich|ten Ⓜ: etwas aufgeben
ver|zieh: ⇨ verzeihen
ver|zie|hen: ⇨ verzeihen
ver|zie|ren Ⓜ: ausschmücken; verschönern

ver|zwei|feln Ⓜ: die Hoffnung, den Mut verlieren; nicht mehr weiterwissen

vi

viel Ⓜ (mehr, am meisten): **1.** eine große Menge; eine große Anzahl: *Sie haben im Urlaub viele Bilder gemacht.* **2.** *Der Pullover ist viel zu groß für sie.*
viel|leicht Ⓜ: es kann sein, ist aber nicht sicher; möglich

vier Ⓜ: *Es schlägt gerade vier Uhr.*
Vier Ⓜ, die (die Vieren): Ziffer; Zahl: 4: *eine Vier würfeln*
Vier|tel Ⓜ, das (die Viertel): **1.** der vierte Teil von einem Ganzen: *Ein Viertel des Kuchens ist noch übrig. Es ist Viertel vor acht.* **2.** Stadtteil: *Sie ziehen in ein anderes Viertel.*

vo

Vo|gel Ⓜ, der (die Vögel): Tier mit Federn, Flügel und Schnabel, das meist fliegen kann: *Störche sind Zugvögel.*
Volk Ⓜ, das (die Völker): Gemeinschaft von Menschen mit gleicher Herkunft, Kultur, Geschichte und Sprache: *die Völker Afrikas*
voll Ⓜ: ganz gefüllt, belegt, bedeckt: *Mein Koffer ist voll.*

vom Ⓜ (von dem): **1.** *vom Bahnhof bis nach Hause.* **2.** *vom Morgen bis zum Abend*

von Ⓜ: **1.** *von Norden nach Süden fahren.* **2.** *Von 10 bis 12 Uhr ist Sprechstunde.* **3.** *ein Geschenk von Oma*

von|ei|nan|der 🌐: **1.** einer vom anderen; gegenseitig: *voneinander lernen.* **2.** *Die Bäume stehen weit voneinander weg.*

vor-

Der Wortbaustein *vor-* kommt in vielen Wörtern vor, z. B. in *vorstellen, Vormittag, vorsichtig.*

vor Ⓜ: **1.** *Lisa muss das Referat vor der Klasse vortragen.* **2.** *Wir stehen vor der Bäckerei.* **3.** *Ich bin aber vor dir dran.* **4.** *Wir sind vor 10 Minuten nach Hause gekommen.* **5.** *Er schlottert vor Kälte.*

vo|raus Ⓜ: *Papa fuhr voraus, um den anderen den Weg zu zeigen.*

vor|bei Ⓜ: **1.** *Sie sind an uns vorbei, ohne dass wir sie gesehen haben.* **2.** *Die Pause ist vorbei.*

vor|be|rei|ten 🌐: **1.** für etwas schon im Voraus bestimmte Arbeiten erledigen: *das Essen vorbereiten.* **2.** (*auch* sich): im Voraus üben: *Lena hat sich gut auf den Test vorbereitet.*

vor|ei|nan|der 🌐: **1.** einer vor dem anderen: *Sie stehen ruhig voreinander.* **2.** wechselseitig: *Die Hunde haben voreinander Angst.*

Vor|fahr 🌐 [4], der (*auch* der Vorfahre; die Vorfahren): Familienmitglied, das schon lange tot ist

Vor|fah|re, der (die Vorfahren): ⇨ Vorfahr

Vor|füh|rung 🌐**,** die (die Vorführungen): Darbietung; Vorstellung

vor|ge|nom|men: ⇨ vornehmen

vor|ges|tern 🌐**:** der Tag vor gestern

Vor|hang 🌐**,** der (die Vorhänge): **1.** Stoffstreifen an Fenstern: *die Vorhänge zuziehen.* **2.** sehr großes Stück Stoff zur Verdeckung einer Bühne

vor|her Ⓜ**:** davor; vor etwas

vor|kom|men 🌐 (es kommt vor, es kam vor, es ist vorgekommen): **1.** geschehen; sich ereignen. **2.** vorhanden sein. **3.** den Eindruck erwecken: *Es kommt mir so vor, als hättest du ein Geheimnis.* **4.** *aus einem Loch vorkommen*

vor|le|sen 🌐 (du liest vor, er las vor, sie hat vorgelesen): laut lesen, sodass andere zuhören können

vorm Ⓜ (vor dem): *der Garten vorm Haus*

Vor|mit|tag 🌐**,** der (die Vormittage): Zeit vom Morgen bis zum Mittag

vor|mit|tags 🌐**:** regelmäßig, immer am Vormittag

vorn Ⓜ (*auch* vorne): auf der vorderen Seite; an der Spitze

Vor|na|me 🌐**,** der (die Vornamen): *Er heißt mit Vornamen David.*

vor|ne Ⓜ**:** ⇨ vorn

vor|neh|men Ⓜ (sich) (sie nimmt sich vor, er nahm sich vor, sie hat sich vorgenommen): die Absicht haben, etwas Bestimmtes zu tun

vor|schla|gen 🌐 (sie schlägt vor, er schlug vor, sie hat vorgeschlagen): eine bestimmte Möglichkeit nennen: *Tina schlägt vor, ein Spiel zu machen.*

Vorschrift

Vor|schrift, die (die Vorschriften): Bestimmung; Regel

Vor|sicht, die (ohne Mehrzahl): besondere Aufmerksamkeit; aufmerksames Verhalten

vor|sich|tig: behutsam; sanft; mit Vorsicht: *Fahr vorsichtig!*

vor|stel|len: 1. jemanden bekannt machen; eine unbekannte Sache darstellen. 2. (sich): sich in Gedanken ausmalen

Vor|trag, der (die Vorträge): mündliche Darstellung; Rede über ein bestimmtes Thema: *einen Vortrag halten*

vor|wärts: nach vorn: *Der Reißverschluss bewegt sich weder vorwärts noch rückwärts.*

vu

Vul|kan , der (die Vulkane): Berg, aus dessen Innerem z. B. glühendes Gestein kommt

W

w

Du sprichst ein Wort am Anfang wie *w* aus, kannst es aber unter *w* nicht finden. Dann suche auch unter *v*. Beispiel: *die Vase*

wa

Waa|ge, die: (die Waagen): Gerät zur Bestimmung des Gewichts

wach: nicht mehr schlafend; ausgeschlafen

wach|sen Ⓜ: (du wächst, sie wächst, er wuchs, sie ist gewachsen): *Simon ist zwei Zentimeter gewachsen.*

wächst: ⇨ wachsen

wa|ckeln ☺: **1.** nicht fest sitzen; nicht fest stehen. **2.** *mit den Ohren wackeln*

Waf|fe ☺, die (die Waffen): *Das Schwert war die Waffe der Ritter.*

Waf|fel ☺ 3 , die (die Waffeln): flaches Gebäck

Wa|gen 8 , der (die Wagen): Fahrzeug, mit dem Personen und Sachen transportiert werden können

Wahl Ⓜ, die: **1.** (die Wahlen): Abstimmung: *Klas-sensprecherwahl.* **2.** (ohne Mehrzahl): Auswahl; Entscheidung: *Ich habe keine Wahl.*

wäh|len ⊚: **1.** abstimmen: **2.** aussuchen; sich entscheiden

wahr Ⓜ: richtig; nicht gelogen; wirklich geschehen: *eine wahre Geschichte*

wäh|rend Ⓜ: *Während der Sommerferien schien oft die Sonne.*

wahr|schein|lich Ⓜ: mit ziemlicher Sicherheit

Wal 1 , der (die Wale): im Wasser lebendes sehr großes Säugetier

Wald ⊖ 2 , der (die Wälder): größeres Gelände, auf dem viele Bäume stehen

Wand ⊖ 7 , die (die Wände): aufrecht stehende Fläche, die etwas abgrenzt: *Hauswand*

wand|te: ⇨ wenden

Wange

Wan|ge 5, die (die Wangen): fleischiger Teil des Gesichts unter dem Auge

wann Ⓜ: *Wann kommst du?*

Wan|ne ☺, die (die Wannen): großes Gefäß, das Flüssigkeiten aufnimmt

war: ⇨ sein

Wa|re, die (die Waren): Erzeugnis, das verkauft werden soll

warf: ⇨ werfen

warm (wärmer, am wärmsten): **1.** *Trink den Tee, solange er warm ist.* **2.** *Du musst dich warm anziehen.*

Wär|me ♀, die (ohne Mehrzahl): *Die Wärme des Ofens tut gut.*

war|nen: auf eine Gefahr hinweisen

war|ten: *Emily wartet schon lange auf einen Brief von Suse.*

wa|rum: *Warum kommst du so spät?*

was: 1. *Was machen wir heute Nachmittag?* **2.** *Alles, was ich habe, gehört auch dir.*

Wä|sche ♀, die: **1.** (die Wäschen): nasse Reinigung, z. B. von Kleidung. **2.** (ohne Mehrzahl): *Bettwäsche; Unterwäsche*

wa|schen (du wäschst, sie wäscht, er wusch, sie hat gewaschen): z. B. Schmutz mit Wasser entfernen: *die Haare waschen*

wäscht: ⇨ waschen

Was|ser ☺, das: **1.** (die Wasser, auch die Wässer): natürliche, klare

Weihnachten

Flüssigkeit. **2.** (ohne Mehrzahl): *Ein Ast treibt auf dem Wasser.*

Was|ser|hahn, der (die Wasserhähne): Vorrichtung zum Öffnen und Schließen von Wasserleitungen

Wat|te, die (die Watten): *sich Watte in die Ohren stopfen*

we

wech|seln: tauschen; austauschen: *den Platz wechseln*

we|cken: jemanden aus dem Schlaf reißen, wach machen

We|cker, der (die Wecker): Uhr, die durch Klingeln wach macht

weg: *Hände weg! Mein Bruder ist weit weg.*

Weg, der (die Wege): **1.** *Waldweg.* **2.** *Sie haben einen weiten Weg zur Schule.*

we|gen: *Wegen des Gewitters ist der Strom ausgefallen.*

weh: *Die Schnittwunde tut sehr weh.*

weh|ren (sich): sich gegen einen Angriff verteidigen

weib|lich: **1.** *eine hohe weibliche Stimme.* **2.** *der weibliche Artikel „die"*

weich: nicht hart; nicht fest: *ein weiches Kissen*

Wei|de, die (die Weiden): **1.** *Baum.* **2.** *Die Kühe grasen zufrieden auf der Weide.*

Weih|nacht, die (ohne Mehrzahl): ⇨ Weihnachten

Weih|nach|ten, das (*auch* die Weihnacht; die

225

weil

Weihnachten): Fest der Geburt Jesu

weil: *Weil der Bus eine Panne hatte, kamen wir zu spät.*

Wei|le, die (ohne Mehrzahl): eine kürzere Zeitspanne: *Ich warte schon eine Weile.*

Wein, der (die Weine): alkoholisches Getränk

wei|nen: *Sie weint, weil sie traurig ist.*

wei|se: sehr lebenserfahren; große Weisheit besitzend: *ein weiser Mann*

Weis|heit ⊕, die: **1.** (ohne Mehrzahl): große Klugheit und Einsichtigkeit. **2.** (die Weisheiten): kluger Spruch; kluger Rat

weiß: *Heute Morgen war dein T-Shirt noch weiß.*

weiß: ⇨ wissen

Weiß, das (ohne Mehrzahl): Farbe

weit: 1. *ein weiter Weg.* **2.** *Der Pullover ist mir zu weit.* **3.** *Wie weit seid ihr mit den Aufgaben?*

wel|che, wel|cher, wel|ches: *Welche Farbe hat der Himmel?*

Wel|le ☺, die (die Wellen): *Die Meereswellen schlugen sanft ans Boot.*

Welt, die: **1.** (ohne Mehrzahl): die Erde. **2.** (die Welten): Bereich: *Tierwelt*

wem: *Wem gehört das Buch?*

wen: *Wen hast du getroffen?*

wen|den ⊕: **1.** (sie wendet, er wendete, sie hat gewendet): auf die andere Seite drehen; in die entgegengesetzte Richtung bringen. **2.** (sie wendet, er wendete, sie hat gewendet; *auch* sie wendet, er wandte, sie hat gewandt): **a)** *den Kopf zur Seite wenden.* **b)** (sich): *Er hat sich mit seiner Frage an die Lehrerin gewandt.*

we|nig ⊝: **1.** kaum etwas; nicht viel: *Ich habe noch ein wenig gelesen.* **2.** weniger Süßigkeiten essen

we|nigs|tens Ⓜ: zumindest; immerhin

wenn Ⓜ: **1.** *Wenn du willst, komme ich gleich.* **2.** *Wenn du fertig bist, gehen wir ins Kino.*

wer: 1. *Wer kommt als Nächster dran?* **2.** *Wer das Los mit der Nr. 10 zieht, hat einen Gewinn.*

wer|den (du wirst, sie wird, er wurde, sie ist geworden): **1.** *Das Wetter soll besser werden.* **2.** *Mir wird übel.* **3.** *Tim will Schauspieler werden.* **4.** *Lara wird gerufen.*

wer|fen (sie wirft, er warf, sie hat geworfen): **1.** *Ich kann den Ball 50 Meter weit werfen.* **2.** *die Kleider einfach auf den Boden werfen.* **3.** (sich): *David warf sich auf das Bett.*

Werk|zeug ⊕, das (die Werkzeuge): *Hammer und Zange sind Werkzeuge.*

wes|halb Ⓜ: **1.** *Weshalb brüllst du mich so an?* **2.** *Sie hat nicht gesagt, weshalb sie zu spät kam.*

Wes|pe, die (die Wespen): gelb-schwarzes Insekt

Wes|te [6], die (die Westen): **1.** ärmellose Jacke. **2.** Strickjacke

Wes|ten, der (ohne Mehrzahl): **1.** Himmelsrichtung. **2.** Landesteil oder Länder, die im Westen liegen: *Wir fahren in den Westen der USA.*

west|lich ⊕: **1.** im Westen liegend. **2.** nach Westen gerichtet

Wet|te ☺, die (die Wetten): Abmachung zwischen mindestens zwei Personen, dass derjenige, der recht behält, von dem anderen etwas bekommt: *eine Wette abschließen*

Wet|ter ☺, das (ohne Mehrzahl): *Wie ist das Wetter heute? – Es regnet.*

wi

wich|tig ➔: bedeutend; wesentlich

wie: 1. *Wie spät ist es?* **2.** *Die Art, wie er es macht, finde ich gut.* **3.** *Er ist so groß wie ich.*

wie|der: 1. *Es regnet schon wieder.* **2.** *Sie ist wieder gesund.*

Wie|ge 7, die (die Wiegen): Babybett zum Schaukeln

wie|gen (sie wiegt, er wog, sie hat gewogen): **1.** Gewicht feststellen: *Sie wiegt sich einmal in der Woche.* **2.** etwas hin und her bewegen: *Sie wiegt das Baby in ihren Armen.*

wiegt: ⇨ wiegen

wie|hern Ⓜ: *Pferde wiehern*

Wie|se 2, die (die Wiesen): mit Gras bewachsene Fläche zur Heugewinnung

wild ➔: frei in der Natur lebend; nicht zahm: *wilde Tiere; wild wachsende Pflanzen*

will: ⇨ wollen

Wim|per 5, die (die Wimpern): leicht gebogene Härchen am Augenlid: *Sie hat lange Wimpern.*

Wind ➔, der (die Winde): *Der Wind weht kräftig.*

win|ken (sie winkt, er winkte, sie hat gewinkt, *auch* sie hat gewunken): eine Hand oder einen Gegenstand hin und her bewegen

win|seln: *Der Hund winselt leise.*

Win|ter, der (die Winter): Jahreszeit

wip|pen: 1. auf und ab schwingen; schaukeln. **2.** *mit dem Fuß wippen*

wir: *Wir, Julia, Timo und ich, singen gern.*

wird: ⇨ werden

wirft: ⇨ werfen

wir|ken: 1. *Der Hustensaft wirkt.* **2.** *Sie wirkt sehr aufgeregt vor der Vorstellung.*

wirk|lich: tatsächlich; in Wirklichkeit vorhanden; der Wirklichkeit entsprechend: *Geschichten, die wirklich passiert sind*

wi|schen: *Wir wischen die Tafel.*

wis|sen ☺ (du weißt, sie weiß, er wusste, sie hat gewusst): *Unsere Lehrerin weiß viel. Ich weiß nicht, was das bedeutet.*

Witz ☺, der (die Witze): *Er kann gut Witze erzählen.*

WO

wo: 1. *Wo warst du?* **2.** *Pass auf, wo du hinläufst.*

Wo|che, die (die Wochen): Zeitraum von sieben Tagen

wog: ⇨ wiegen

woh|nen Ⓜ: *Till wohnt in Frankfurt. Sie wohnen in einem großen Haus.*

Woh|nung ⊕, die (die Wohnungen): ein oder mehrere Zimmer als ständige Unterkunft: *eine Wohnung mieten*

Wolf, der (die Wölfe): Raubtier; Stammform der Hunde

Wolke

Wol|ke 2 , die (die Wolken): Gebilde aus in der Luft schwebenden Wassertröpfchen oder Eiskristallen: *Wolken am Himmel*

Wol|le ☺, die (die Wollen): aus dem Fell z. B. von Schafen gewonnene Fasern zur Herstellung von Textilien

wol|len ☺ (du willst, sie will, er wollte, sie hat gewollt): 1. *Ich will morgen früh aufstehen.* 2. *Sie bekommt alles, was sie will.*

Wort, das (die Wörter): *das Wort „kommen"*

Wör|ter|buch 9 , das (die Wörterbücher): Nachschlagewerk, das die Schreibweise und manchmal die Bedeutung von Wörtern angibt

wu

wuchs: ⇨ wachsen

Wun|de, die (die Wunden): *Die Wunde blutet und tut weh.*

Wunsch, der (die Wünsche): Hoffnung, dass sich etwas erfüllt: *Er hat drei Wünsche frei.*

wün|schen (*auch* sich): *Tim wünscht sich ein Fahrrad zu Weihnachten.*

wur|de: ⇨ werden

Wür|fel, der (die Würfel): zum Würfeln verwendeter Gegenstand mit Punkten auf den Seiten

wür|feln: *Lilo würfelte eine Sechs.*

Wurm, der (die Würmer): *Regenwurm*

Wurst, die (die Würste): *eine Scheibe Wurst essen; zwei Würste grillen*

Wur|zel, die (die Wurzeln): *Der junge Baum schlägt Wurzeln.*

wusch: ⇨ waschen
wuss|te: ⇨ wissen
Wüs|te 2 **,** die (die Wüsten): Gebiet, in dem es sehr trocken und meist sehr heiß ist
Wut, die (ohne Mehrzahl): heftiger Ärger

X

xm
x-mal ⓜ: unzählige Male: *Ich hab das schon x-mal gemacht.*

xy
Xy|lo|fon ⓜ, das (die Xylofone; *auch* das Xylophon, die Xylophone): Musikinstrument: *Xylofon spielen*
Xy|lo|phon ⓜ, das (die Xylophone): ⇨ Xylofon

Y

ya
Yak ⓜ 1 , der (die Yaks; *auch* der Jak, die Jaks): asiatisches Hochgebirgsrind

Z

za
Za|cke ⊙, die (*auch* der Zacken; die Zacken): *die Zacken eines Kammes*
Za|cken ⊙, der (die Zacken): ⇨ Zacke

Zahl

z

> Du sprichst ein Wort am Anfang wie *z* aus, kannst es aber unter *z* nicht finden. Dann suche auch unter *c*.
> Beispiel: *Celsius*

Zahl, die: (die Zahlen): *die Zahl Drei.*

zah|len: 1. bezahlen: *Wie viel habt ihr dafür gezahlt?* 2. *Ines zahlt jeden Monat ihren Beitrag für den Sportverein.*

zäh|len: 1. *Wir zählen von null bis hundert.* 2. gehören zu: *Pluto zählt nicht mehr zu den Planeten.*

zahm: an Menschen gewöhnt; zutraulich: *ein zahmes Eichhörnchen*

Zahn, der (die Zähne): *Theo putzt nach jeder Mahlzeit seine Zähne.*

Zan|ge, die (die Zangen): Werkzeug: *den Nagel mit einer Zange herausziehen*

zan|ken (sich): sich mit jemandem streiten

Zap|fen, der (die Zapfen): 1. *Tannenzapfen.* 2. *Eiszapfen*

zap|peln: *Ein Fisch zappelt an der Angel.*

zart: 1. *Das Baby hat eine zarte Haut.* 2. sanft: *Er strich ihr zart über die Haare.*

Zau|be|rer, der (die Zauberer): 1. jemand, der Zauberkräfte besitzt. 2. jemand, der Zaubertricks vorführt: *Der Zauberer tritt im Zirkus auf.*

zau|bern: 1. durch Zauberkräfte, durch Magie hervorbringen. 2. Zaubertricks vorführen

Zaun, der (die Zäune): *Gartenzaun; Holzzaun*

ze

Ze|bra, das (die Zebras): Tier, das ähnlich wie ein Pferd aussieht

und schwarze und weiße Streifen hat

Zeh Ⓜ️ 5 , der (auch die Zehe; die Zehen): Teil des Fußes

Ze|he, die (die Zehen): 1. ⇨ Zeh. 2. *Knoblauchzehe*

zehn Ⓜ️: *Der Film ist ab zehn (ab zehn Jahren freigegeben).*

Zehn Ⓜ️, die (die Zehnen): Zahl: 10

Zei|chen, das (die Zeichen): *mit der Taschenlampe ein Zeichen geben*

zeich|nen: 1. *ein Bild mit Bleistift zeichnen.* 2. *einen Baum zeichnen*

zei|gen: 1. *Man zeigt nicht mit Fingern auf andere Menschen.* 2. *Ich zeige dir, wie das geht.* 3. *Sie zeigen ihre Urlaubsfotos.*

Zei|ger, der (die Zeiger): *beweglicher Teil an Messgeräten, z. B. Uhren: der große Zeiger*

Zeit, die: 1. (ohne Mehrzahl): *Die Zeit vergeht schnell.* 2. (die Zeiten): Zeitpunkt: *Um welche Zeit willst du kommen?*

Zeit|schrift 9 , die (die Zeitschriften): *Sie kauft am Kiosk die neue Zeitschrift für Kinder.*

Zei|tung 9 , die (die Zeitungen): *Schülerzeitung; Tageszeitung*

Zelt, das (die Zelte): *im Zelt übernachten; Zirkuszelt*

Zen|ti|me|ter, der (die Zentimeter): *100 Zentimeter ergeben 1 Meter.*

Zet|tel, der (die Zettel): *kleines Stück Papier*

Zeug|nis Ⓜ️, das (die Zeugnisse): *Bescheinigung; Urkunde; Beurteilung*

Ziege

zi

Zie|ge, die (die Ziegen): Nutztier

Zie|gel 7 , der (die Ziegel): *die Ziegel auf dem Dach des Hauses*

zie|hen Ⓜ (sie zieht, er zog, sie hat gezogen): **1.** *Die Pferde ziehen eine Kutsche.* **2.** *einen Zahn ziehen.* **3.** *Familie Meier zieht nach Hamburg.*

zieht: ⇨ ziehen

Ziel, das (die Ziele): **1.** *Das Ziel unserer Reise ist Rom.* **2.** *mit dem Ball das Ziel treffen*

Zif|fer ☺, die (die Ziffern): *Die Zahl 18 besteht aus zwei Ziffern.*

Zim|mer ☺, das (die Zimmer): durch Wände und Tür abgegrenzter Raum: *Du musst dein Zimmer sauber machen.*

Zir|kel 9 , der (die Zirkel): Gerät zum Zeichnen von Kreisen und Übertragen von Strecken

Zir|kus Ⓜ, der (die Zirkusse; *auch* der Circus, die Circusse): Unternehmen, das Tiere, Artisten und Clowns meist in einem großen Zelt zeigt: *Wir gehen in den Zirkus.*

zi|schen: *Schlangen zischen*

Zi|tro|ne 3 , die (die Zitronen): gelbe Zitrusfrucht

zit|tern ☺: *Sie zittert vor Kälte.*

zo

zog: ⇨ ziehen

Zoo Ⓜ, der (die Zoos): Tierpark: *Heute gehen wir in den Zoo.*

Zopf, der (die Zöpfe): **1.** geflochtene Haare. **2.** geflochtenes Hefegebäck

Zorn, der (ohne Mehrzahl): großer Ärger

zu

zu: 1. *Ich gehe zu dieser Veranstaltung.* **2.** *Die Jacke ist zu groß.* **3.** versperrt; geschlossen: *Die Tür bleibt zu.*

zu-

Der Wortbaustein *zu-* kommt in vielen Wörtern vor, z. B. in *zuhören, zutraulich, Zufall, Zuschauer.*

züch|ten: Pflanzen oder Tiere auf ein bestimmtes Merkmal hin heranziehen: *Oma züchtet Rosen.*

Zu|cker ☺ 3 **,** der (die Zucker): *mit Zucker den Tee süßen*

zu|erst: am Anfang; an erster Stelle

Zu|fall ⊕, der (die Zufälle): etwas, das nicht geplant ist, das unerwartet geschieht: *Das kann kein Zufall sein.*

zu|frie|den: 1. innerlich ausgeglichen: *Opa ist ein zufriedener Mensch.* **2.** *Ich bin mit meinem Zeugnis zufrieden.*

Zug → 8 **,** der (die Züge): **1.** *Der Zug fährt in den Bahnhof ein.* **2.** *Er trank das Glas in einem Zug leer.* **3.** Luftstrom, leichter Wind: *Du sitzt dort am offenen Fenster im Zug.*

zu|hö|ren ⊕**:** *Oma erzählt eine Geschichte. Wir hören zu.*

Zukunft

Zu|kunft Ⓜ, die (ohne Mehrzahl): Zeit, die noch kommt: *In Zukunft bin ich vorsichtiger.*

zum (zu dem): *Kommst du heute mit zum Fußball?*

Zun|ge 5 , die (die Zungen): *Bello lässt die Zunge aus dem Maul hängen.*

zup|fen: vorsichtig mit der Hand an etwas ziehen, etwas herausziehen

zur (zu der): *Sie ist auf dem Weg zur Schule.*

zu|rück Ⓜ: *Familie Schulz ist erst gestern von ihrer Reise zurückgekommen.*

zu|sam|men ☺: alle miteinander; gemeinsam: *Zusammen erreichen wir mehr.*

Zu|schau|er ⊖, der (die Zuschauer): Publikum; jemand, der sich z. B. eine Theateraufführung anschaut

Zu|tat ⊖, die (die Zutaten): Inhaltsstoff; Bestandteil, z. B. beim Kochrezept

zu|trau|lich ⊖: an Menschen gewöhnt; ohne Scheu

ZW

zwang: ⇨ zwingen

zwan|zig ⊖: *Sie hat zwanzig Euro gespart.*

Zwan|zig ⊖, die (ohne Mehrzahl): Zahl: 20

zwar: *Unser Auto ist zwar alt, aber es läuft.*

zwei: *Lilo bekommt zwei Euro geschenkt.*

Zwei, die (die Zweien): Ziffer; Zahl: 2

Zweig ⊖ 2 , der (die Zweige): dünner Teil eines Astes an Bäumen und Büschen

Zwerg ⊙, der (die Zwerge): **1.** kleines Wesen in Märchen und Sagen. **2.** sehr kleiner Mensch

Zwie|back ☺ 3 , der (die Zwiebäcke, *auch* die Zwiebacke): auf beiden Seiten gebackenes Gebäck

Zwie|bel, die (die Zwiebeln): **1.** Pflanze. **2.** meist unterirdischer Teil von Pflanzen mit mehreren Schalen: *Tulpenzwiebel*

Zwil|ling ☺ 4 , der: (die Zwillinge): zwei Kinder einer Mutter, die während der gleichen Schwangerschaft herangewachsen sind: *Zwillinge bekommen*

zwin|gen (sie zwingt, er zwang, sie hat gezwungen): drängen; jemanden zu etwas veranlassen

zwingt: ⇨ zwingen

zwin|kern: mit den Augen blinzeln

zwi|schen: in der Mitte von; inmitten von: *Die Kinder saßen zwischen ihren Eltern.*

zwit|schern: Vögel zwitschern

zwölf: *zwölf Eier kaufen*

Zwölf, die (die Zwölfen): Zahl: 12

Wortfamilien

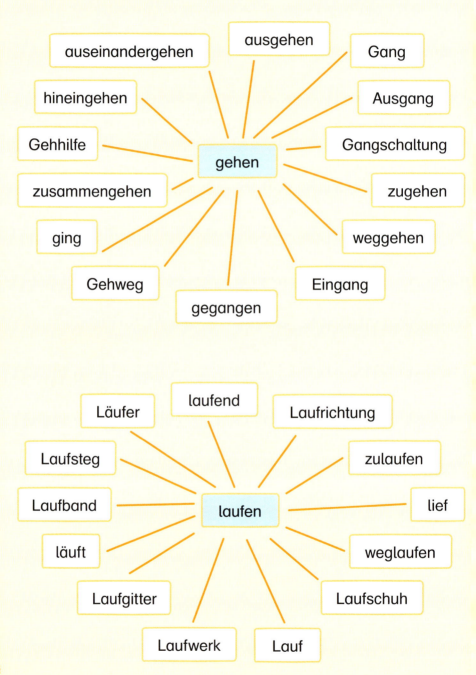

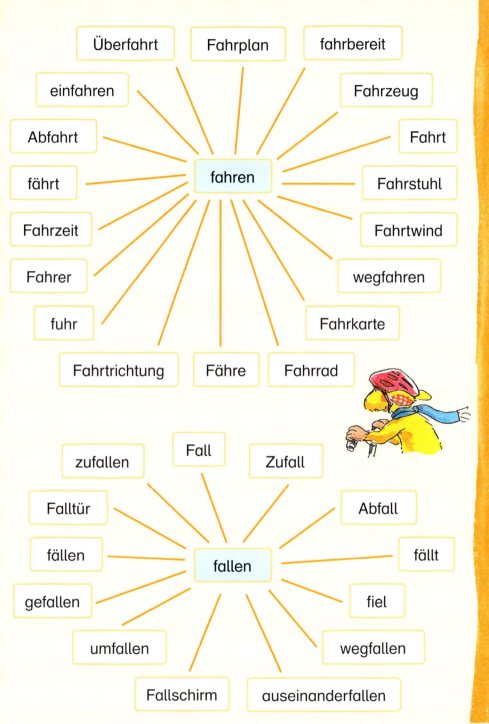

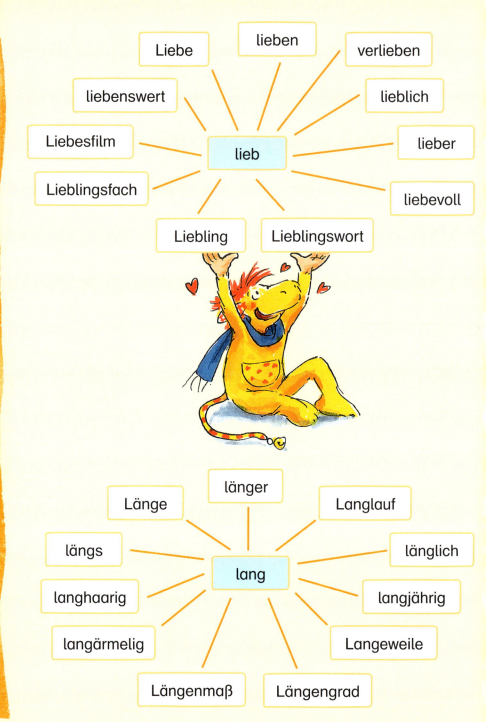

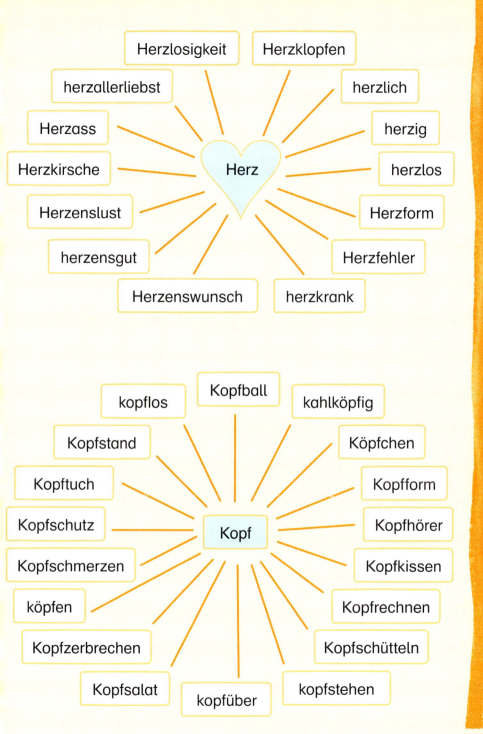

Unregelmäßige Verben

Manche Verben ändern ihre Form, wenn sich die Person oder die Zeitform verändert.
Hier findest du eine Liste wichtiger Verben, die sich verändern. Im Stichwortteil deines Wörterbuchs verweist ein Pfeil ⇨ auf die Grundform.
Zum Beispiel: **ging:** ⇨ gehen

Grundform	Gegenwart	Präteritum (1. Vergangenheit)	Perfekt (2. Vergangenheit)
beginnen	sie beginnt	er begann	sie hat begonnen
bitten	sie bittet	er bat	sie hat gebeten
bleiben	sie bleibt	er blieb	sie ist geblieben
bringen	sie bringt	er brachte	sie hat gebracht
denken	sie denkt	er dachte	sie hat gedacht
dürfen	sie darf	er durfte	sie hat gedurft
essen	sie isst	er aß	sie hat gegessen
fahren	sie fährt	er fuhr	sie ist gefahren
fallen	sie fällt	er fiel	sie ist gefallen
finden	sie findet	er fand	sie hat gefunden

Grundform	Gegenwart	Präteritum (1. Vergangenheit)	Perfekt (2. Vergangenheit)
fliegen	sie fliegt	er flog	sie hat geflogen; sie ist geflogen
geben	sie gibt	er gab	sie hat gegeben
gehen	sie geht	er ging	sie ist gegangen
haben	sie hat	er hatte	sie hat gehabt
heißen	sie heißt	er hieß	sie hat geheißen
helfen	sie hilft	er half	sie hat geholfen
kennen	sie kennt	er kannte	sie hat gekannt
kommen	sie kommt	er kam	sie ist gekommen
können	sie kann	er konnte	sie hat gekonnt
lassen	sie lässt	er ließ	sie hat gelassen
laufen	sie läuft	er lief	sie hat gelaufen; sie ist gelaufen
lesen	sie liest	er las	sie hat gelesen
liegen	sie liegt	er lag	sie hat gelegen; sie ist gelegen
mögen	sie mag	er mochte	sie hat gemocht
müssen	sie muss	er musste	sie hat gemusst
nehmen	sie nimmt	er nahm	sie hat genommen
nennen	sie nennt	er nannte	sie hat genannt
pfeifen	sie pfeift	er pfiff	sie hat gepfiffen
rennen	sie rennt	er rannte	sie ist gerannt
riechen	sie riecht	er roch	sie hat gerochen

Grundform	Gegenwart	Präteritum (1. Vergangenheit)	Perfekt (2. Vergangenheit)
rufen	sie ruft	er rief	sie hat gerufen
schlafen	sie schläft	er schlief	sie hat geschlafen
schlagen	sie schlägt	er schlug	sie hat geschlagen
schneiden	sie schneidet	er schnitt	sie hat geschnitten
schreiben	sie schreibt	er schrieb	sie hat geschrieben
schwimmen	sie schwimmt	er schwamm	sie hat geschwommen sie ist geschwommen
sehen	sie sieht	er sah	sie hat gesehen
sein	sie ist	er war	sie ist gewesen
singen	sie singt	er sang	sie hat gesungen

Grundform	Gegenwart	Präteritum (1. Vergangenheit)	Perfekt (2. Vergangenheit)
sitzen	sie sitzt	er saß	sie hat gesessen
sprechen	sie spricht	er sprach	sie hat gesprochen
springen	sie springt	er sprang	sie ist gesprungen
stehen	sie steht	er stand	sie hat gestanden; sie ist gestanden
tragen	sie trägt	er trug	sie hat getragen
treffen	sie trifft	er traf	sie hat getroffen
treten	sie tritt	er trat	sie hat getreten; sie ist getreten
trinken	sie trinkt	er trank	sie hat getrunken
tun	sie tut	er tat	sie hat getan
unterstreichen	sie unterstreicht	er unterstrich	sie hat unterstrichen
verbinden	sie verbindet	er verband	sie hat verbunden; sie ist verbunden
vergessen	sie vergisst	er vergaß	sie hat vergessen
verstehen	sie versteht	er verstand	sie hat verstanden
wachsen	sie wächst	er wuchs	sie ist gewachsen
waschen	sie wäscht	er wusch	sie hat gewaschen
werden	sie wird	er wurde	sie ist geworden
werfen	sie wirft	er warf	sie hat geworfen
ziehen	sie zieht	er zog	sie hat gezogen

Mit Lexi Nachschlagen üben

Sich im Wörterbuch schnell zurechtfinden

Hier lernst du, dich schnell im Wörterbuch zurechtzufinden.

1. Nimm die Seiten zwischen den Buchdeckeln so in die Hand, dass du sie gut mit dem Daumen von vorn nach hinten durchblättern kannst. Wiederhole die Übung einige Male und beobachte dabei die Griffleiste am orangefarbenen Seitenrand. Was fällt dir auf?

2. Schlage dein Wörterbuch möglichst in der Mitte auf. Mit welchem Buchstaben beginnen hier die Wörter? Schaue auch auf die Griffleiste am Seitenrand.

3. Schlage nun dein Wörterbuch einmal weit vorn und einmal weit hinten auf. Wie heißen jetzt die Anfangsbuchstaben?

4. Versuche möglichst schnell eine Seite aufzuschlagen, auf der die Wörter mit **S** beginnen. Die Griffleiste am Seitenrand hilft dir. Wie viele Versuche brauchst du?

Und noch mehr Übungen:

Findest du ein Tier im Buchstabenbereich **pi**?

Wie heißt das erste Wort im Buchstabenbereich **R**?

Welche Körperteile haben sich im Buchstabenbereich **K** versteckt?

Wie heißt das letzte Wort im Buchstabenbereich **F**?

Schlage den Buchstabenbereich **B** auf. Finde ein Tier mit B.

Bildtafeln

| 1 | Suche im Wörterbuch die Seiten mit den Bildtafeln. Zu welchen Themenbereichen findest du hier Bildtafeln? |

| 2 | Schlage die Bildtafel Tiere auf und schaue dir das Bild genau an. Zu welchen Tieren kennst du die Namen? |

| 3 | Schlage die Bildtafel Kleidung auf. Welche Kleidungsstücke beginnen mit dem Buchstaben J? |

| 4 | Schlage die Bildtafel Fahrzeuge und Verkehr auf und suche im Bild die Nummer ④. Welches Fahrzeug ist hier dargestellt? Überprüfe deine Antwort anhand der Wörterliste an den Seitenrändern. |

| 5 | Schlage die Bildtafel Schule auf. Welches Wort steht in der Wörterliste unter der Nummer ⑤? Suche diesen Gegenstand nun im Bild. |

| 6 | Zu welchem Thema gehört die Bildtafel auf den Seiten 12–13? Lies dir die Wörter an den Seiten durch und suche die Begriffe im Bild. |

| 7 | Auf welcher Bildtafel findest du das Wort Oma? Versuche es möglichst schnell zu finden. |

In Lexis erstem Wörterbuch kannst du nachschlagen, was ein Wort bedeutet. Manche Wörter haben sogar mehr als eine Bedeutung. Du wirst staunen.

1. Was ist ein Blitz? Suche das Wort Blitz und lies die Worterklärung hinter dem Doppelpunkt.

2. Manchmal sind zur Erklärung eines Wortes auch Beispielsätze aufgeführt. Viele Beispiele findest du beim Wort unter. Lies nach.

3. Blättere in deinem Wörterbuch und schlage eine beliebige Seite auf. Lies nun ein Stichwort auf dieser Seite mit seiner Worterklärung durch.
Diese Übung solltest du oft wiederholen.

4. Das Wort Maus hat zwei verschiedene Bedeutungen. Schaue bei Maus nach. Du findest die Erklärungen unter 1. und 2.

5. Das Wort Bank hat auch zwei verschiedene Bedeutungen. Schlage nach, wie die Mehrzahl zur ersten und zur zweiten Bedeutung lautet.

6. Auch Verben können unterschiedliche Bedeutungen haben. Lies die verschiedenen Beispiele beim Wort brennen.

7. Das Wort sieben findest du in deinem Wörterbuch zweimal untereinander. Erkennst du den Unterschied?

Wortfamilien

1 Schlage in deinem Wörterbuch den Anhang mit den Wortfamilien (Seite 238–241) auf. Welche Wortfamilien findest du? Erkläre, was das Besondere einer Wortfamilie ist.

2 *Fahren* wird mit *h* geschrieben. Suche die Wortfamilie *fahren* und lies alle Wörter. Was stellst du bei allen Wörtern dieser Wortfamilie fest?

3 Schlage die Seite mit der Wortfamilie *laufen* auf. Suche alle Verben und Verbformen und bilde jeweils einen Satz.

4 Zu einer Wortfamilie gehören oft Nomen, Adjektive und Verben. Welche Wortarten kannst du bei der Wortfamilie *fallen* finden?

> Wörter mit demselben Wortstamm gehören zu einer Wortfamilie. Der Selbstlaut im Wortstamm kann sich aber ändern.

Unregelmäßige Verben

Manche Verben ändern ihre Form, wenn sich die Person oder die Zeitform verändert.

1. Wie heißt die Grundform zu isst? Schlage unter isst nach.

2. *Er griff nach dem Ast.* Schlage nach, wie die Grundform von griff lautet.

3. Blättere dein Wörterbuch durch. Wo kannst du weitere unregelmäßig gebildete Verbformen finden? Wie heißen die jeweiligen Grundformen?

4. Wie heißen die beiden Vergangenheitsformen zu fliegen? Du musst erst das Stichwort fliegen suchen und dann in der Klammer nach der richtigen Form schauen.

5. Schlage das Wort schreien nach. Wie heißen die beiden Vergangenheitsformen?

Auf den Seiten 242–245 findest du eine Übersicht mit wichtigen unregelmäßigen Verben.

Hier kannst du mit einem Lernpartner oder in der Gruppe üben

Abc-Spiele

1 Sage das Abc auf. Deine Mitspieler überprüfen, ob du es richtig kannst. Dann wird gewechselt.

2 Ein Spieler nennt einen Buchstaben. Wer zuerst den richtigen Nachfolger dieses Buchstabens im Abc nennt, darf die nächste Aufgabe stellen.

Man kann auch so spielen: Wer kennt den Vorgänger? Das ist oft schwieriger.

3 Ein Spieler nennt einen Buchstaben aus dem Abc, zum Beispiel *o*. Wer kann am schnellsten ein Wort finden, das mit dem genannten Buchstaben beginnt? Zum Beispiel: Ohr. Reihum darf jeder einmal einen Buchstaben auswählen.

4 „Wir sehen was, was du nicht siehst." Ein Mitspieler muss den Raum verlassen. Dann vereinbaren die übrigen Spieler einen sichtbaren Gegenstand in dem Raum. Nun wird der Mitspieler hereingerufen und aufgefordert, den Gegenstand zu benennen. Als Hilfe wird ihm der Anfangsbuchstabe des Gegenstandes genannt.

Sich im Wörterbuch schnell zurechtfinden

1. Ein Spieler wählt einen Buchstaben aus dem Abc aus. Wer kann am schnellsten im Wörterbuch eine Seite aufschlagen, auf der die Wörter mit dem ausgewählten Buchstaben beginnen? – Eine neue Runde beginnt!

2. Es lohnt sich, auf die rot hervorgehobenen Buchstaben in der Stichwortliste zu achten (**A**, **aa**, **ab**, **ac** ...). Sie helfen dir, ein Stichwort schnell zu finden.

   Wer findet zuerst die Seiten zum Buchstabenbereich **be**? Stellt euch gegenseitig ähnliche Aufgaben.

3. Ein Spieler nennt ein Stichwort aus der Stichwortliste des Wörterbuchs. Nun müssen alle das Wort schnell suchen und sagen, auf welcher Seite das Wort steht. Reihum darf jeder Mitspieler eine Aufgabe stellen.

4. Wer von euch findet in der Stichwortliste zuerst ein Wort zum Thema *Essen?* Ihr könnt die gleiche Aufgabe mit Themen wie *Tiere, Pflanzen, Berufe, Schule* stellen. Wer zuerst eine Aufgabe erfüllt hat, darf die nächste bestimmen.

Hören und nachschlagen

1 Wie heißt der erste Buchstabe?

Lest euch gegenseitig Stichwörter aus dem Wörterbuch vor. Das Partnerkind muss sagen, unter welchem Buchstaben das jeweilige Wort zu finden ist.

Zum Beispiel

Es gibt aber Wörter, bei denen das nicht so einfach zu beantworten ist, zum Beispiel bei Vater oder Creme.

Merkkästen im Stichwortteil des Wörterbuchs geben euch Tipps, wie ihr schneller diese schwierigen Wörter finden könnt.

Und wie ist es bei diesen?

Bildtafeln und Wortfamilien

1 Wer findet auf der Bildtafel Berufe zuerst den Mann mit einem Tannenbaum? Stellt euch gegenseitig ähnliche Suchaufgaben.

2 Wer findet auf der Bildtafel Fahrzeuge und Verkehr zuerst die Nummer ㉖. Was ist dargestellt? Stellt euch gegenseitig ähnliche Aufgaben.

3 Wer findet auf den Seiten mit den Bildtafeln als Erster Banane als Wort und im Bild? Unter welchem Themenbereich musst du nachschauen? Stellt euch gegenseitig ähnliche Aufgaben.

4 Könnt ihr selbst Wortfamilien zusammenstellen? Wählt ein Wort aus der Liste unten aus. Sucht nun zu diesem Wort so viele verwandte Wörter als möglich.

 Vergleicht eure Sammlung dann mit den Zusammenstellungen auf den Seiten 238–241.

gehen	laufen	fahren	fallen
lieb	lang	Herz	Kopf

Was man noch alles
im Wörterbuch nachschlagen kann

1 Wie heißt die Mehrzahl?

Ein Spieler sucht in der Stichwortliste ein Nomen und liest es vor. Der Spielpartner muss das Wort suchen und die passende Mehrzahl nennen.

Zum Beispiel: „Gras" ➪ „die Gräser"

Dann werden die Rollen getauscht.

2 Wie heißt der richtige Artikel?

Ein Spieler sucht in der Stichwortliste ein Nomen und liest es vor. Der Spielpartner nennt den Artikel.

Zum Beispiel: „Hase" ➪ „der Hase"

Der Spieler, der das Nomen ausgewählt hat, muss die Antwort im Wörterbuch überprüfen. Nach fünf Nomen werden die Rollen getauscht.

3 Was bedeutet dieses Wort?

Ein Spieler sucht aus der Stichwortliste ein Wort aus und liest es vor.

Zum Beispiel: „Nichte"

Wer zuerst die richtige Wortbedeutung vorliest, darf die nächste Aufgabe stellen.